Meditações

RABINDRANATH TAGORE

Meditações

DIREÇÃO EDITORIAL:
Carlos Silva
Marcelo C. Araújo

COMISSÃO EDITORIAL:
Avelino Grassi
Roberto Girola

TRADUÇÃO:
Ivo Storniolo

COORDENAÇÃO EDITORIAL:
Denílson Luís dos Santos Moreira

COPIDESQUE:
Leila Cristina Dinis Fernandes

REVISÃO:
Ana Lúcia de Castro Leite

DIAGRAMAÇÃO:
Alex Luis Siqueira Santos

CAPA:
DesignCRV - Victor Rangel

Título original: *Meditaciones*
Imagem da mandala: *Designed by Visnezh/Freepik*

Todos os direitos em língua portuguesa, para o
Brasil, reservados à Editora Ideias & Letras, 2021.

5ª impressão

Avenida São Gabriel, 495
Conjunto 42 - 4º andar
Jardim Paulista – São Paulo/SP
Cep: 01435-001
Editorial: (11) 3862-4831
Televendas: 0800 777 6004
vendas@ideiaseletras.com.br
www.ideiaseletras.com.br

**Dados Internacionais de Catalogação na Publicação (CIP)
(Câmara Brasileira do Livro, SP, Brasil)**

Meditações / Rabindranath Tagore, 1861-1941; [tradução Ivo Storniolo]. Aparecida-SP: Ideias & Letras, 2007.

Título original: *Meditaciones*.
ISBN 978-85-98239-79-8

1. Filosofia hindu 2. Meditações 3. Poesia bengali I. Título.

07-0440   CDD-181.4

Índice para catálogo sistemático:

1. Meditação: Filosofia hindu 181.4

*Se no teatro da vida
não consigo entender meu papel,
é porque ignoro o papel
que os outros representam.*

SUMÁRIO

Prefácio 11

Meditação preliminar 21

1. Natureza da arte 25

2. Minha escola em Bengala 51

3. A personalidade 79

4. Nascer duas vezes 107

5. Meditação 131

6. A mulher 145

PREFÁCIO

Todo e qualquer pensamento adquire a forma e o colorido do pensador que pensa. E, como o pensador sempre está situado no tempo e no espaço, seu pensamento também adquire as características do tempo e do espaço em que ele vive. Desse modo, quando entramos em contato com o pensamento, entramos em contato não só com o pensador; na verdade, mergulhamos também em seu tempo e espaço. Se pertencermos ao mesmo tempo e ao mesmo espaço, compreenderemos facilmente o que ele pensa e expressa; contudo, se não pertencermos, encontraremos dificuldades, tropeços e, quem sabe, não o compreenderemos exatamente, ou até o compreenderemos mal e o rejeitaremos.

O presente livro talvez seja imediata e facilmente compreendido na Índia, berço de Tagore Rabindranath, seu autor. Não tanto imediata e facilmente pelo leitor ocidental, porque o Ocidente pensa a partir de uma matriz de espaço-tempo bem diferente. Isso apesar de o autor dominar facilmente tanto o pensamento de sua terra e do Oriente, como o do Ocidente, devido a sua formação pessoal, tanto oriental quanto ocidental.

RABINDRANATH TAGORE

O Ocidente deve sua cultura ao fermento judaico-cristão, que nasceu com a Bíblia e, por meio do Cristianismo, chegou ao Ocidente através da Grécia e do Império Romano. Sabemos que a Bíblia reflete a grande luta contra o Imperialismo, apresentando a alternativa contrária do Reino ou Reinado de Deus. Nessa matriz Império x Reino de Deus, sempre se destacou o conflito Cidade x Campo, pois os antigos reinos configuravam-se como a Cidade-Estado que dominava e explorava o campo e os camponeses.

Ao passar pela Grécia e por Roma, o Cristianismo adquiriu predominantemente a forma da Cidade, uma cidade amuralhada e defendida pelo poder policial e militar, a fim de garantir a ordem político-econômica-social *dentro* da cidade e, ao mesmo tempo, proteger a cidade de um provável ataque e desmoronamento provocados por revoltas e rebeliões vindas de *fora*, ou seja, tanto dos que não moravam na cidade, como de outras Cidades-Estado ou de outras nações. Isso se reflete no pensamento ocidental, e também no pensamento religioso do Ocidente. Quem vive na cidade pensa eminentemente de forma citadina, ou seja, de modo defensivo, bélico e conquistador.

A civilização da Índia processou-se de modo diferente. Segundo Rabindranath, os primeiros invasores arianos não começaram pela construção de cidades. Eles se estabeleceram nas florestas, que lhes proporcionavam proteção contra o calor do sol e das devastações causadas pelas tempestades tropicais, pastagem para os rebanhos, combustível para o fogo e material para a construção de suas casas. A civilização da Índia nasceu na floresta e continuou depois, nos campos, que passaram a ser cultivados, e isso marcou profundamente sua forma de pensar e de compreender a vida. Seu pensamento não nasceu do conflito e da luta com a natureza e o universo, a fim de se defender de um mundo

MEDITAÇÕES

sempre visto como hostil. Ao contrário, a Índia sempre colocou sua ênfase na harmonia que existe entre o indivíduo e o universo, entre a vida humana e a vida da natureza.

Conforme o próprio Rabindranath salienta, em seu livro *Sadhana*, "para a Índia o grande fato é que estamos em harmonia com a natureza; que o homem é capaz de pensar porque seus pensamentos estão em harmonia com as coisas; que ele é capaz de usar as forças da natureza para seus próprios fins somente porque seu poder está em harmonia com o poder universal; e que, na longa corrida, seu propósito jamais pode entrar em choque com o propósito que opera através da natureza... A mente da Índia jamais hesita em reconhecer seu parentesco com a natureza, sua ininterrupta relação com ela... [Nela] a unidade fundamental da criação não é simplesmente uma especulação filosófica; seu objetivo vital é realizar essa grande harmonia no sentimento e na ação".

Em poucas palavras, o Ocidente luta contra a Natureza, para dominá-la. Seu pensamento é fechado, defensivo e guerreiro. A Índia busca a harmonia com a Natureza, para sintonizar o propósito da vida humana com o grande propósito que se revela na vida da Natureza. Seu pensamento, portanto, é aberto, acolhedor e pacífico. Um pequeno exemplo das duas atitudes, de vida e de pensamento. Tanto o Ocidente como o Oriente buscam a paz. O Ocidente, porém, segue o lema romano: "Si vis pacem, para bellum" (*se você quer a paz, prepare a guerra*); ao passo que o Oriente diz: *Se quisermos a paz, deveremos entrar em harmonia com a Natureza e sintonizar nosso projeto de vida com o Grande Projeto que existe na Natureza e no Universo.*

Hoje, não é necessário fazer muitas avaliações para dizer que existe uma compreensão tácita e mundial dessas diferentes propostas. Antigamente, os indianos faziam suas peregrinações até seus lugares sagrados. Parece que hoje as peregrinações vêm dos mais diversos e distantes lugares de nosso planeta...

Sr. Rabindranath é o verdadeiro nome de nosso autor. Rabindra, primeiro nome; Nath, o nome de família; Tagore é a forma anglicizada de *Thakur*, que é uma simples forma de tratamento: "senhor, sr.". Rabindranath nasceu em uma família rica de brâmanes, em Calcutá. Seu pai, Debendra Nath, tornara-se eminente seguidor da religião de Brahma e, naturalmente, a família toda pertencia à mais elevada casta na Índia. Além disso, a família era grande proprietária de terras em Bengala – terras que foram em parte administradas pelo próprio Rabindranath, ao atingir a juventude. Todavia, tanto o pai como toda a família concebiam a religião e a vida social de modo inteiramente diverso do costumeiro, o que lhes valeu a exclusão do meio social e religioso. Era inconcebível em uma Índia de castas partilhar a religião bramânica com os pobres párias e, muito menos, conviver com eles, e até aceitar que eles fossem o lugar eminente da revelação e da ação de Deus.

Tal foi, porém, a intuição do pai, que chegou a fundar um santuário isolado, em Santiniketan, aberto a todos, sem qualquer exceção de casta, de nação ou de religião. Um centro "ecumênico", diríamos hoje. Foi esse santuário que o filho Rabindranath transformou, mais tarde, em "sua escola em Bengala", e que hoje se ampliou muito, constituindo a maior e a mais original Universidade na Índia, aberta indistintamente a todos, de todas as partes do mundo.

Rabindranath seguiu os passos do pai. Viajando muito pelas aldeias pobres de Bengala, como administrador das propriedades

MEDITAÇÕES

da família, viu de perto e conviveu intimamente com os pobres. Entre eles, Rabindranath teve uma experiência mística da presença de Deus, e esta foi tão fundamental em sua vida, que o marcou para sempre. Muitas vezes tentou repeti-la, mas não o conseguiu. No entanto, o relâmpago de um átimo de instante iluminou sua vida inteira, no sentimento, no pensamento e na ação. Essa experiência está por trás de tudo o que ele disse e escreveu, e provoca, se assim o podemos dizer, a fascinação que todo leitor sente em qualquer linha por ele escrita.

A personalidade de Rabindranath é extremamente simples, apesar de aparentemente muito complexa. Podemos tranquilamente dizer que toda a sua vida e tudo o que realizou encontram sua unidade nas Escrituras fundamentais de seu povo, os *Vedas* e os *Upanixades*. Sua pessoa e seus escritos são propriamente comentários diversos dessas Escrituras. Ele foi poeta, cantor, músico, pensador, teatrólogo, ensaísta, romancista, filósofo e teólogo ao mesmo tempo. Tudo isso, porém, na mão dele funcionou como canais diferentes de uma mesma mensagem: a presença e a irradiação do Grande Mistério de Deus, presente em todas as realidades: em todos os seres, em todas as pessoas, acontecimentos, lugares, nas mais ínfimas coisas e no Universo inteiro.

Os junguianos diriam que Rabindranath é um homem altamente individuado. Nós, sem qualquer receio, podemos dizer que ele é um homem universal, sem pátria e sem tempo fixo particulares. A pátria dele é o Universo. Em qualquer momento, em qualquer lugar, qualquer pessoa poderá ler um poema dele ou uma reflexão e sentir como se estivesse ouvindo uma palavra que o autor está dizendo para ela própria, para sua vida, pensamentos, sentimentos. Aí nós todos percebemos o mistério da unidade, o mistério presente nele e em todos nós. E, desse modo, realiza-se o grande e íntimo diálogo entre seres humanos que se reconhecem de fato como seres humanos. E também o diálogo voltado para o Grande Mistério que nos revela e nos humaniza.

O presente livro reúne seis textos de Rabindranath pensador e educador – não propriamente um teórico, mas alguém que fala através de sua vida, experiência, observação e sabedoria. Suas palavras sempre estiveram intimamente coladas à vida. Nelas sobressai sempre a serenidade, mesmo ao se referir a conflitos e dificuldades. O que ele diz não necessita de muita argumentação, porque o próprio leitor pode conferir o que ele diz com sua própria experiência. Essa é a característica básica da literatura sapiencial. A sabedoria, com efeito, não é a erudição, escolar ou livresca, e sim o *discernimento ativo*, capaz de penetrar a casca da coisa e chegar até o âmago de significação da verdade dela, o mistério que se encontra presente em todo e qualquer ser, coisa, acontecimento ou realidade.

Em *Natureza da arte*, Rabindranath contorna todo o debate sobre a questão: "O que é a arte?" Deixando de lado qualquer discussão, ele se detém na verdadeira arte, que é a visão e a expressão do mistério e, por excelência, do Grande Mistério que em tudo está presente e em ação. Em outras palavras, a arte nasce da visão transfigurada da realidade, não para mostrar o que não vemos, mas o que não conseguimos ou ainda não conseguimos ver profundamente em nós e em tudo o que existe. O artista *vê* esse mistério e, expressando-se em sua arte, *revela* esse mistério. Visão e revelação do mistério. Não é sem motivo que a grande arte sempre esteve intimamente ligada com a religião, cuja missão é religar

MEDITAÇÕES

– ligar de novo – o homem com o mistério. Na arte, portanto, culmina a suprema meditação do homem sobre o mistério de si mesmo e de tudo o que o envolve. É por isso que a verdadeira arte leva inevitavelmente ao *êxtase*, exatamente o mesmo que o místico sente diante do mistério.

Em *Minha escola em Bengala*, Rabindranath conta-nos as vicissitudes que ele próprio viveu em sua experiência de menino escolar e de como projetou uma escola diferente. Inspirado no antigo *ashram* (santuário na floresta) ele, na verdade, chegou a produzir não tanto uma escola de ensino, mas um *ambiente educativo*, sem o choque e o sempre possível conflito entre o lar da família e a escola. O objetivo da educação, para ele, é a vida e não simplesmente o conhecimento. Para Rabindranath, a educação consiste, essencialmente, em mostrar ao homem a verdade em todo o seu conjunto, em sua imensa e perfeita unidade.

Em *A Personalidade*, Rabindranath afirma que o mundo, em si mesmo, não tem qualquer sentido humano. Esse sentido se manifesta quando o mundo entra em relação com a pessoa, pois é a pessoa que lhe confere sentido e significação. O mundo é sempre o mundo de uma pessoa: *meu* mundo, o mundo *dele* ou *dela*, o *nosso* mundo. Em outras palavras, o eixo da significação de tudo o que existe e pode ser reconhecido passa pela relação com a pessoa, pela relação com a *personalidade* de alguém. Daí que o diálogo entre as pessoas é, na verdade, um diálogo entre mundos. Daí também que os diálogos entre esses mundos adquirem sentido total em outro diálogo, o diálogo entre as pessoas-mundos e a pessoa do Senhor e Pai do Universo inteiro.

RABINDRANATH TAGORE

Em *Nascer duas vezes*, o autor se detém na diferença existente entre o animal e o animal *humano*. Podemos ter nascido como qualquer outro animal, mas não somos apenas animais. A vida humana entra em um campo novo, de vida espiritual, que se expressa no reconhecimento e na consciência, por meio do pensamento, da arte e da religião. É necessário, portanto, que o ser humano nasça uma segunda vez, ou seja, nasça para sua realidade espiritual, a realidade que reconhece o significado e o sentido, transformando toda a realidade – melhor ainda, espiritualizando-a – a fim de que esta entre em diálogo com o mistério de todas as coisas, por sua vez mergulhado no Grande Mistério. Desse modo, o ser humano é concebido como um produto da Natureza que, ao mesmo tempo e por um segundo nascimento, se torna o transformador da Natureza em Espírito.

Em *Meditação*, Rabindranath simplesmente explica o que é meditar, tomando como exemplo uma meditação que seus próprios rapazes faziam em sua escola em Bengala. Torna-se claro que o objetivo da meditação é a busca de centralizar-se e alinhar-se com a realidade. E isso implica o alinhamento em que o ser se centra consigo mesmo, com os outros, com a natureza, com o universo e com o grande Mistério: Deus é Pai e Senhor do Universo. Deus, porém, renuncia a tudo isso e o concede ao homem, para que este frua aquilo a que Deus renunciou.

Em *A Mulher*, somos surpreendidos por uma reflexão que antecedeu em muito as reivindicações dos movimentos feministas, que eclodiram entre as décadas de 50 e 60 do séc. XX. Rabindranath salienta que vivemos sob a preponderância da personalidade masculina – incluindo o patriarcalismo e o machismo – em de-

MEDITAÇÕES

trimento da personalidade feminina. Todavia, mais do que uma simples equiparação de papéis sociais, ele reivindica uma questão básica de Natureza, mostrando a originalidade da essência do feminino e sua importância para a vida. Para ele, uma nova civilização, de vida e de paz, suplica que a mulher não desista de sua feminilidade, mas a assuma e a transforme em "arma" redentora e criadora de um mundo novo, que expresse liberdade e vida.

O presente livro é, na verdade, um outro registro daquilo que Rabindranath diz de outros modos e em outros lugares. Aos olhos do crítico, suas propostas poderiam ser classificadas como coisas *óbvias*. E, de fato, o discurso sapiencial é um discurso sobre o *óbvio*. Na verdade, porém, costumamos passar por cima do óbvio e buscar nossa explicação e argumentação em sistemas complexos. Esquecemo-nos de que é no óbvio que se encontra o maior mistério. O óbvio, como dizia Clarice Lispector, garante a veracidade. Clarice está certa. Basta que atravessemos a casca do óbvio: em seu bojo está o mistério que procuramos ansiosamente em todos os outros lugares. É óbvio que, se abandonarmos o que temos, para buscar em outro lugar o que desejamos, corremos o risco de jamais encontrar aquilo que buscamos. A realização e a felicidade não se encontram em nenhum outro tempo ou lugar. Elas se encontram justamente na obviedade de nossa vida de todos os dias, onde os mais óbvios acontecimentos e situações se sucedem. A realização e a felicidade dependem de nosso alcance e qualidade de visão. É preciso que usemos as lentes da sabedoria, da arte e da mística, a fim de podermos discernir, dentro do óbvio, a presença eterna do Mistério.

Ivo Storniolo

MEDITAÇÃO PRELIMINAR

Encontramo-nos diante de um vasto mundo com o qual temos de manter, forçosamente, inumeráveis relações.

Temos de viver, cultivar a terra, recolher nosso sustento, vestir-nos, aproveitar múltiplos elementos da Natureza.

Temos de atender continuamente nossas necessidades e, para isso, manter um estreito contato com esse vasto mundo, por imperativos da fome, da sede e de todas as nossas urgências físicas.

Nossa mente também deseja, por sua vez, seu próprio alimento.

Ela também tem suas necessidades. Ela se afana para explicar a razão das coisas e, situada diante de uma profusão de fatos, sente-se defraudada e desconcertada quando não consegue alcançar um princípio unificador que simplifique a heterogeneidade dessas coisas.

A condição humana exige do homem não só encontrar explicações para os fatos, mas também determinadas leis, capazes de aliviar o peso e as complexidades das quantidades e dos números.

Além do ser físico, há em mim outro homem, que me é inteiramente pessoal, que sente simpatias e antipatias, e anseia encontrar algo que satisfaça seu apetite de amor.

Esse ser pessoal se enraíza nas regiões íntimas, onde vivemos isentos de todo apetite, à margem das necessidades materiais, tanto do corpo como da mente, alheias ao que representa uma vantagem ou uma utilidade qualquer.

Esse ser pessoal é o mais nobre do homem e, nas relações diretas que mantém com o vasto mundo, é guiado apenas pela busca desse algo que satisfaça sua personalidade.

O mundo da ciência é um abstrato mundo de força, e não um mundo de realidades.

Por meio de nossa inteligência podemos servir-nos dele; nossa personalidade íntima, porém, não obterá, com isso, qualquer satisfação.

Esse mundo da ciência vem a ser como que um multiplicador de mecanismos que nos propiciam objetos e que, enquanto seres, se manifestam como meras sombras.

Com efeito, existe outro mundo muito mais real para nós. Nós o vemos, o sentimos, e todas as nossas emoções não tecem laços com ele.

Não podemos analisá-lo nem medi-lo.

Seu mistério é infinito.

Podemos apenas dizer: "aqui estás".

Esse mundo da emoção se acha longe da ciência. É a arte que o ocupa.

Quando conseguimos explicar a natureza da arte, conhecemos, ao mesmo tempo, o que é e como é esse mundo com o qual a arte mantém tão íntima relação.

A arte não se apresentou ao homem com imperativos de caráter vital.

Como a própria vida, a arte foi desenvolvendo-se por seu próprio impulso, e o homem se consubstancia com ele, sem perceber concretamente o que é. E, de fato, poderíamos deixá-lo, sem perigo, nos obscu-

ros substratos da consciência, no lugar em que as coisas que pertencem à vida se alimentam entre sombras.

Vivemos, porém, em uma era que vira tudo ao avesso e que, em seu afã de conhecer, faz chegar à superfície tudo o que jaz no fundo.

Até o processo de nossa existência, que é inconsciente, deve ser perscrutado pelo conhecimento, embora, por vezes, esse afã de conhecer acarrete o resultado de matar o próprio objeto da investigação, a fim de transformá-lo em uma fria peça de museu.

I
NATUREZA DA ARTE

São muitas as respostas dadas à pergunta: "O que é a arte?", e as discussões suscitadas introduzem elementos de consciência onde tanto nossas faculdades de prazer como de criação sempre haviam sido espontâneas e semiconscientes.

Essas discussões abastecem-nos com abundância de normas muito definidas, às quais temos de acomodar nosso critério para avaliar as produções artísticas. Daí que certos críticos da época, baseando-se em determinados cânones de sua própria elaboração, tenham ditado veredictos adversos a determinadas obras imortais, cuja supremacia ninguém desafiara durante séculos e séculos.

A origem desse fenômeno meteorológico, que veio perturbar a atmosfera da crítica de arte, encontra-se no Ocidente e, ao estender-se a nossas terras bengalis, cobriu de névoas e nuvens pesadas um lugar em que outrora sempre luzia um firmamento aberto.

Comecemos perguntando a nós mesmos se as criações artísticas não deveriam ser julgadas conforme sua virtualidade de serem universalmente compreendidas, ou segundo sua interpretação filosófica da vida, ou por sua utilidade para a solução de problemas atuais, ou porque expressam alguma peculiaridade do gênio do povo ao qual pertence o artista.

Portanto, quando os homens se obstinam em expressar por meio da arte uma categoria de valores que não se baseie em algo que lhes seja inerente ou, em outras palavras, quando se pretende julgar o rio a partir do ponto de vista de um canal, não devemos deixar a questão abandonada a sua própria sorte.

Devemos intervir nas deliberações.

Aventuraríamos uma definição?

Definir uma coisa que possui seu próprio desenvolvimento vital é o mesmo que reduzir a visão para poder ver com clareza. Mas a clareza não é forçosamente o aspecto único, nem o mais importante, de uma verdade.

A luz de uma fraca lanterna permite obter uma visão clara, mas não completa.

Se necessitarmos conhecer uma roda em movimento, já sabemos que não poderemos contar o número de seus raios. Quando o importante se enraíza não tanto na exatidão da forma, mas na velocidade do movimento, temos de nos contentar com uma definição um pouco imperfeita da roda.

As coisas vivas mantêm relações transcendentais com o que as circunda, e algumas dessas relações são invisíveis pelo fato de suas raízes mergulharem muito profundamente no solo.

Quando nos empenhamos em formular definições, é como se talhássemos galhos e raízes de uma árvore para transformá-la em madeira, madeira que agora nos será fácil transportar, rodando-a de uma sala de aula para outra, e que se tornará muito adequada para o que se chama de "um livro de texto". Contudo, não é por permitir que dele se tenha uma visão clara que podemos dizer que um pedaço de madeira dê a verdadeira e total ideia de uma árvore.

Daí não nos atrevermos a definir a arte, e sim perguntar a razão de sua existência e procurar descobrir se ela deve sua origem a algum desígnio social, ou então ao anseio de procurarmos um prazer estético, ou se ela vem a ser fruto de algum afã de expressão, gerado por um impulso de nosso próprio ser.

Foi áspera a controvérsia mantida durante muito tempo a respeito da expressão "a arte pela arte", que, entre boa parte dos críticos ocidentais, parece já ter caído em desuso. Claro sinal da volta ao ideal estético dos tempos puritanos, que consideravam como pecaminoso o prazer pelo próprio prazer. Todo puritanismo, todavia, vem a ser uma reação e não representa a verdade em seu aspecto normal.

Quando o prazer perde o contato com a vida, tornando-se versátil e exigente na órbita de seus complicados convencionalismos, é justamente aí que surge o clamor que pede renúncia e que desdenha até a própria felicidade, considerando-a como desprezível.

Não abordaremos a história do que chamam de "arte moderna". Reconhecemos nossa incompetência. O que de fato podemos afirmar, como princípio geral, é que quando alguém pretende contrariar seu espontâneo anseio de prazer para transformar esse anseio em um desejo de conhecer ou de praticar o bem, a causa certa disso provém de que sua faculdade de sentir o prazer perdeu sua fragrância e sua saúde naturais.

Os retóricos de nossa velha Índia afirmavam que o prazer é a alma da literatura, o prazer desinteressado. Contudo, convém empregar as palavras *gozo* e *prazer* com certas precauções.

Quando as analisamos, seu espectro apresenta uma infinita irradiação de diversas cores e de variada intensidade em seus diferentes mundos siderais.

O mundo da arte dispõe de elementos próprios, inconfundíveis, cujas luminárias possuem propriedades e alcances especiais.

Devemos distinguir esses elementos e chegar até sua origem e desenvolvimento.

A maior diferença entre o animal e o homem é a seguinte: o animal se encontra quase totalmente confinado em suas necessidades fisiológicas, e a maioria dos atos que executa tornam-se indispensáveis para a conservação do indivíduo, assim como para a de sua espécie.

De sua permuta com a vida, o animal não obtém grandes utilidades. Acontece-lhe o mesmo que aos pequenos comerciantes, que têm de investir quase todos os ganhos em pagar juros a seu banqueiro. A maior parte de seus recursos ele a gasta unicamente em procurar poder viver.

O homem, ao contrário, em sua permuta com a vida, é um traficante dos maiores. Seus ganhos excedem consideravelmente o que se vê obrigado a gastar. A vida do homem entesoura um superávit de riquezas, o que lhe confere a liberdade de ser desinteressado e generoso. As necessidades estritas do homem se encontram rodeadas de imensas extensões em que se podem enumerar anseios que constituem fins em si mesmos.

Os animais se veem obrigados a desenvolver determinados conhecimentos com fins utilitários para sua própria existência. E daí não passam à frente. Eles precisam conhecer as imediações de seu leito para poder se abrigar e descobrir seu alimento; têm de averiguar certas propriedades das coisas para estabelecer sua guarida, assim como determinados sinais das quatro estações para ir acomodando-se a suas mudanças. O homem também precisa conhecer todas essas coisas, sem dúvida, porque também precisa viver. O homem dispõe, todavia, de uma sobra de conhecimentos dos quais ele pode afirmar, com orgulho, que constituem um fim em si mesmos.

MEDITAÇÕES

Na área desse excedente, ele desfruta do puro prazer de seu saber, porque esse saber não está sujeito a nenhum imperativo bastardo. Com efeito, esse saber respira e vive em liberdade. Aí é o espaço em que prosperam a ciência e a filosofia do homem... que é homem.

No animal – precisamos reconhecer – apreciamos certa porção de altruísmo. Apreciamos, por exemplo, o altruísmo da paternidade, o do rebanho e o da colmeia. De todos os modos, também devemos reconhecer que esse altruísmo torna-se também indispensável para a conservação da espécie.

No homem existe muito mais. É verdade que de sua bondade deriva um altruísmo necessário para a espécie; essa bondade, porém, não representa uma ração mesquinha que baste para uma existência moral que prescinda da existência futura. O homem pode proclamar amplamente que a bondade tem como fim a própria bondade.

Sobre essa acumulação de bondade levanta-se a ética do homem. Nela, a honradez vale não só por ser a melhor política, mas porque permite opor-se a toda política.

A noção de "a arte pela arte" também tem sua origem nessa massa de riquezas supérfluas. Tratemos, pois, de mostrar qual atividade nos move a "fazer Arte".

O homem, assim como os animais, tem necessidade de expressar seus sentimentos de prazer ou de pesar, de medo, de ira ou de amor.

Nos animais, essas expressões não vão muito além dos limites que a utilidade de manifestá-las lhes fixa.

Muito distintamente no homem, embora essas expressões conservem as raízes de sua razão original, elas estenderam amplamente sua ramagem para o alto e por sobre o solo. O homem possui um fundo de energia emotiva que não é totalmente indispensável para sua conservação, excedente que busca saída na criação artística. Sobre esse excedente é que se fundamenta a civilização humana.

O guerreiro não se satisfaz apenas em batalhar – coisa necessária –, mas, com a ajuda das bandas militares e das condecorações, se afana em proclamar que ele é de fato um guerreiro – o que não só é desnecessário, mas que, por vezes, tem consequências fatais para o personagem. O homem dominado por um forte sentimento religioso não só adora suas deidades com o maior zelo, mas anseia, como expressão de sua religiosidade, os esplendores do templo e os suntuosos ritos do culto.

Quando nosso coração concebe um sentimento que excede em muito a quantidade que pode ser absorvida pelo objeto que o inspirou, esse excedente voltará a nós para que, com sua ressaca, nos aprofundemos na própria consciência.

Se experimentarmos um estado de penúria, toda a nossa atenção se concentrará fora de nós, nos objetos necessários para mitigar essa penúria; porém, quando a riqueza ultrapassa por demais nossas necessidades, irradiamos a exultação de possuir essa riqueza.

Entre todas as criaturas, apenas o homem tem a faculdade de conhecer a si mesmo, e isso pelo fato de que a ressaca daquilo que possui em excesso estimula seu afã de se conhecer a fundo. Ele sente sua personalidade de modo mais intenso que outros seres, porque sua faculdade de sentir supera o consumo que requerem os objetos que originam seus sentimentos. Essa efusão da consciência de sua personalidade requer "algo mais" em que possa expressar-se. Daí que, nos campos da arte, o homem descobre mais a si mesmo do que às coisas de que trata. Essas ocupam seu

MEDITAÇÕES

lugar próprio nas obras de informação, nos tratados científicos, nos quais o homem se oculta totalmente.

Contudo, antes de continuar adiante, considero oportuno dar uma explicação sobre o uso que faço da palavra *personalidade* e do significado amplo que lhe dou. Essas palavras soltas podem referir-se a ideias que não só tenham dimensões diferentes, mas também formas diversas. São como esses capotes que deixamos pendurados nos vestíbulos e que, por vezes, são levados distraidamente por outras pessoas.

O ser que conhece não é o homem inteiro. Sua simples informação não o revela. *Enquanto pessoa*, porém, é o ser orgânico que possui a faculdade inerente de escolher coisas no meio que o circunda, para torná-las suas. Ele possui força de atração e de repulsão e, por meio dessas forças, não só acumula elementos que estão fora dele, mas cria para si novos elementos.

As principais forças criadoras, as que se tornam capazes de transmutar as coisas em nossa estrutura vivente, são forças emocionais.

Naquilo que possui de religioso, o homem é uma *pessoa*; isso não acontece enquanto é simples teólogo.

Seu sentimento do divino é um sentimento criador.

Seu simples conhecimento do divino não pode se transformar em sua própria essência, por causa da falta de fogo emocional.

Consideremos quais são os elementos constitutivos da personalidade, assim conceituada, e como ela se relaciona com o mundo exterior. Este último nos parece uma entidade individual e não um simples feixe de forças invisíveis. Daí o fato de que, como todos nós sabemos, esse mundo exterior deva uma grande parte de seu significado a nossos sentidos e a nosso entendimento.

Um mundo aparente: tal é o mundo do homem.

RABINDRANATH TAGORE

Seus traços peculiares de forma, cor e movimento foram tomados pelo alcance e pelas qualidades de nossa percepção. Ele é o que, fechando-o com espessa muralha, nossa própria percepção conseguiu adquirir e construir especialmente para nós.

Os fatores poderosos deste mundo não são apenas suas forças físicas e químicas, mas também as forças perceptivas do homem, porque ele não é um mundo abstrato da física ou da metafísica, mas o mundo do homem.

Ele é moldado pela percepção humana e, portanto, é o mundo parcial dos sentidos e da inteligência do homem. Ele é como um hóspede, e não como um parente. Somente chega a ser inteiramente nosso quando cai sob o domínio de nossas emoções.

Com nosso amor e nosso ódio, nosso prazer e nossa dor, nosso temor e nosso assombro, em contato permanente com ele, este mundo vai tornando-se parte de nossa personalidade.

Ele cresce com nosso desenvolvimento, muda com nossas mudanças. Somos grandes ou pequenos, conforme a grandeza ou a pequenez dessa assimilação, segundo a qualidade da soma total. Caso nos arrebatassem este mundo, nossa personalidade perderia todo o seu conteúdo.

Nossas emoções são como sucos gástricos que transformam no mais íntimo dos sentimentos esse mundo aparente; sem levar em conta que esse mundo exterior possui alguns sucos próprios, cujas diversas qualidades excitam nossas atividades emocionais. É o que nossa retórica sânscrita reconhece com o nome de *rasa*, ou seja, alguns sucos externos que encontram correspondência com os sucos internos de nossas emoções e segundo o qual um poema é uma prece ou uma série de preces que contêm sucos destinados a estimular os da emoção. Ele nos traz ideias vitalizadas por sentimentos e dispostas a se incorporarem à substância vital de nossa própria natureza.

MEDITAÇÕES

A arte literária não é constituída por uma simples informação de fatos, porque essa informação só nos fornece dados que são independentes de nós.

Repetir o fato de que o sol é redondo e a água é líquida, ou que o fogo queima, seria intolerável.

Contudo, uma descrição da beleza do amanhecer tem para nós um interesse eterno, porque, nela, o que constitui o objeto de interesse perene não é o fato de que amanheça, e sim a emoção que experimentamos ao contemplá-lo.

O Upanixade nos diz:

> *A riqueza é grata para nós, não por desejarmos a riqueza em si, e sim por desejarmos a nós mesmos.*

Isso significa que temos consciência de nós mesmos em nossa riqueza e, por isso, a amamos.

Tudo o que suscita nossa emoção aprofunda o sentimento que temos de nós mesmos. É como quando tocamos a corda da harpa: um leve roçar apenas nos dá uma sensação de contato; porém, se a tangermos com força, nossa ação voltará a nós em forma de som e nossa consciência se intensificará.

Encontramo-nos, portanto, diante de dois mundos diferentes. Um, o da ciência, cuidadosamente despojado dos elementos da personalidade e no qual nossos sentimentos não devem tocar; outro, o vasto mundo que nos é pessoal e que não só devemos conhecer, mas sentir, porque, sentindo-o, sentimos a nós mesmos.

Todavia, como podemos dar expressão a nossa personalidade se a conhecemos apenas pelo sentimento?

O homem de ciência pode dar a conhecer o que aprendeu por meio das análises e dos experimentos. Mas o artista não pode expressar o que tem a dizer com o auxílio de informações e explicações. Para dizer o que sei a respeito de uma rosa, basta-me a linguagem mais simples; o mesmo não acontece, porém, com o que sinto a respeito dela. Porque esse sentimento nada tem a ver com os dados nem com as leis. É coisa exclusiva do gosto, e apenas degustando alguém pode apreciá-lo.

Os retóricos sânscritos dizem:

> *Em poesia temos de empregar as palavras que possuam o gosto adequado, palavras que não só falem, mas que sejam conjuros de quadros e cantem.*

Com efeito, os quadros e as canções não são simples fatos; são coisas pessoais. Não são apenas eles mesmos, mas também nós. Rejeitam todas as análises e têm acesso imediato a nossos corações.

Devemos reconhecer que, até nas manifestações de sua vida corrente, o homem não pode deixar de revelar sua personalidade; nesse âmbito, porém, o objetivo primordial do homem não é a expressão genuína de si mesmo.

Na vida corrente, nós nos movemos principalmente por força de determinados hábitos e economizamos a expressão de nosso verdadeiro ser.

A consciência de nossa alma encontra-se então em seu nível inferior e apenas mantém volume suficiente para o canal plenamente próprio. Todavia, quando o coração vibra e se agita por obra do amor ou de outras emoções intensas, é aí que nossa personalidade, em maré alta, sente o anseio de se expressar por sua própria expressão. Então surge a Arte, e nos esquecemos dos aguilhões, tanto da necessidade como das ganâncias utilitárias. É aí

MEDITAÇÕES

que as agudas agulhas de nossos templos se afanam por alcançar as estrelas e os arpejos de nossa música buscam imergir profundamente nos espaços do inefável.

As energias do homem deslizam por essas duas linhas paralelas, a do utilitário e a da própria expressão; e tendem a se encontrar e a se confundir. Sob a pressão de constantes associações humanas, os sentimentos aglomeram-se em torno das coisas de nossa vida corrente e pedem a ajuda da arte para se revelarem, da mesma forma que vemos revelado o orgulho do guerreiro na lâmina ornamentada de sua espada, ou o companheirismo das alegres reuniões em torno da taça de vinho.

Em geral, o escritório de um advogado não costuma ser um modelo de beleza, e o motivo é óbvio. Todavia, em uma cidade cujos homens estiverem orgulhosos de sua cidadania, os edifícios públicos devem expressar em sua estrutura o amor desses cidadãos.

Quando a capital britânica foi transladada de Calcutá para Delhi, discutiu-se o estilo arquitetônico que deveria ser adotado nos edifícios novos. Alguns mostraram suas preferências pelo estilo indiano do período *moghal*, produzido em conjunto pelo gênio *moghal* e pelo gênio indiano. O que não perceberam é que toda arte verdadeira tem sua origem no sentimento.

Delhi *Moghal* e Agra *Moghal* mostram sua personalidade humana em seus edifícios. Os imperadores *moghais* não eram simples governantes, mas homens que amaram, lutaram, viveram e morreram na Índia. Os monumentos de seu reinado não perduram nas ruínas das fábricas e escritórios, mas em obras de arte imortais; não só em edifícios enormes, mas em quadros e música e obras de artífices realizadas em pedra e em metal, e em telas de algodão e de lã. Em troca, o governo britânico da Índia não é pessoal, mas oficial e, portanto, uma abstração. Ele nada tem a expressar na verdadeira linguagem da Arte. Com efeito, a lei, a eficiência e a exploração não podem ser cantadas em épicas pedras. Lord Lytton, que por infelicidade possuía uma imaginação superior à que teria sido necessária em um vice-rei da Índia, pretendeu imitar uma das cerimônias de Estado dos *moghais*: a do Durbar. Mas as cerimônias de Estado são obras de arte. Elas surgem de modo natural, pela reciprocidade de relações pessoais entre o povo e seu monarca.

O utilitário e o sentimental tomam diferentes aspectos em sua expressão, como podemos ver na veste de um homem, caso a comparemos com a da mulher. Em geral, o traje do homem afasta-se de tudo o que é desnecessário e meramente decorativo. A mulher escolhe, em troca, o que adorna, não só em sua veste, mas também em suas maneiras. Ela tem de ser vistosa e harmoniosa para pôr em manifesto o que a mulher de fato é; porque, pela situação que ocupa no mundo, a mulher é mais concreta e mais pessoal que o homem. Não devemos julgá-la apenas por sua utilidade, e sim por seu encanto. Daí ela ter infinito cuidado em expressar sua personalidade e não sua profissão.

Como o objetivo principal da arte é também a expressão da personalidade e não de coisas puramente abstratas ou analíticas, é-lhe necessário apelar para a linguagem das imagens e da música, o que produziu confusão em nossa mente, fazendo-nos crer que a arte tem como objetivo a produção da beleza, quando a beleza na arte é tão somente instrumento e não sua significação íntegra e final.

Por conseguinte, costuma-se argüir se não será o modo, mais que a matéria, o elemento essencial na arte. Argumentações semelhantes prolongam-se indefinidamente, como se derramássemos água em um tonel desprovido de fundo. Essas discussões originam-se na ideia de que a beleza é o objetivo da arte e, como a matéria não pode ter por si mesma a propriedade da beleza, surge a questão de se a maneira, a forma, não seria o principal fator da própria arte.

O certo, porém, é que um método analítico não nos ajudará a descobrir o ponto vital, porque o verdadeiro da arte baseia-se em um princípio de unidade. Quando precisamos conhecer o valor alimentício de alguma comida, nós o descobrimos em seus componentes; mas o sabor está em sua unidade, impossível de ser analisada. A matéria, considerada em si mesma, é uma abstração da qual a ciência se ocupa; e também a maneira, considerada como tal, é uma abstração que cai sob as leis da retórica. Contudo, quando ambas formam indissoluvelmente uma só coisa, elas encontram sua harmonia em nossa personalidade, que é um amálgama orgânico, de matéria e de forma, de pensamentos e de coisas, de moventes e de ações.

Daí o fato de que todas as ideias abstratas estão fora de lugar na verdadeira arte. Para que elas sejam admitidas, devem apresentar-se sob o disfarce de uma personificação. Esta é a causa de a poesia procurar selecionar palavras dotadas de qualidades vitais: palavras que não tenham um sentido de mera informação, mas que se tenham naturalizado em nossos corações sem desgastar sua forma com um uso excessivo nas vicissitudes diárias. Por exemplo, a palavra inglesa *consciousness* (sentimento interior) ainda não saiu do período de capulho de sua inércia escolástica e, por isso, ela é raramente usada na poesia; ao passo que seu sinônimo indiano *chetana* é um termo vivo e de constante uso poético. Por outro lado, a palavra inglesa *feeling* (sentimento, sensação) é transbordante de vida, enquanto seu sinônimo bengali, *anubhuti*, não é admitido em poesia porque tem unicamente significado e não sabor. Da mesma forma, há verdades nascidas da ciência e da filosofia que adquiriram a cor e o gosto da vida, e outras não. Enquanto não conseguirem isso, essas verdades são para a arte como verduras cruas e impróprias para servir em um banquete. A história, enquanto não faz mais que copiar a ciência e tratar de abstrações, permanece fora do domínio da literatura. Todavia, como narração de fatos, ocupa seu lugar ao lado do poema épico, porque a narração dos fatos históricos confere às épocas a que pertence certo ar pessoal. Esses períodos tornam-se humanos para nós; sentimos as vivas palpitações de seu coração.

O mundo e o homem pessoal estão face a face, como amigos que se interrogam e fazem intercâmbio de seus segredos íntimos. O mundo pergunta ao ser íntimo que há no homem:

– Meu amigo, você me viu? Você me ama? Não aquele que lhe provê de alimentos e frutos, não aquele cujas leis você descobriu, mas aquele que é pessoal, individual?

O artista responde:

– Sim, eu vi você, eu o amei e conheci. Não é que eu tenha alguma necessidade de você, nem que tenha tomado e feito uso de suas leis em meus projetos de poder. Conheço bem as forças que agem e guiam e conduzem ao poder; mas não é isso. Eu vejo você no ponto em que você é o que eu sou.

Como sabemos que o artista conhece e vê essa personalidade e se coloca face a face com ela?

Cada vez que encontro com alguém que ainda não é meu amigo, observo todas as inumeráveis coisas não essenciais que atraem a atenção à primeira vista; e o amigo que vai ser meu amigo se perde na confusão de tal diversidade de observações.

MEDITAÇÕES

Quando chegou à costa do Japão o barco que para lá nos conduzia, um dos passageiros, que era japonês, regressava de Rangun para seu país; nós, em troca, chegávamos ao Japão pela primeira vez na vida. Havia uma grande diferença em nosso modo de ver. Nós percebíamos até as peculiaridades mais insignificantes, e inumeráveis coisas pequenas ocupavam nossa atenção. O passageiro japonês, porém, submergiu imediatamente na personalidade, dentro da alma do país, onde sua própria alma se comprazia. Viu bem menos coisas que nós; mas o que ele viu foi a alma do Japão. Ela não poderia ser medida com nenhuma quantidade ou número, mas por meio de algo invisível e profundo. Não seria exato dizer que, uma vez que nós percebemos essas inumeráveis coisas, vimos o Japão melhor, e sim exatamente o contrário.

Se vocês me pedirem que eu desenhe certa árvore em particular e eu não for artista, pretenderei copiar cada detalhe, temendo, de outro modo, perder a peculiaridade da árvore e me esquecendo de que o peculiar não é o pessoal. Porém, quando chega o verdadeiro artista, ele despreza todos os detalhes e capta imediatamente as essências características.

O ser que raciocina, existente em nós, procura também simplificar as coisas, reduzindo-as a seu princípio mais íntimo; procura desfazer-se dos detalhes, penetrar em seu coração, onde todas essas coisas não são mais que uma só. Contudo, a diferença consiste em que o homem de ciência procura um princípio impessoal de unificação, que pode ser aplicado a todas as coisas. Por exemplo, ele destrói o corpo humano, que é pessoal, para descobrir a fisiologia, que é impessoal e geral.

O artista, ao contrário, encontra o único, o individual, e que, no entanto, está no coração do universal. Quando olha uma árvore, ele a vê como única; não como o botânico que generaliza e classifica. A função do artista é particularizar essa árvore. Como ele o consegue? Não com a peculiaridade que é discordância do único, mas por meio da personalidade, que é harmonia. Portanto, ele tem de encontrar a concordância íntima desse objeto particular com todas as coisas que o rodeiam.

A grandeza e a formosura da arte oriental, principalmente no Japão e na China, consistem em que nela os artistas descobriram a alma das coisas e nela creem.

O Ocidente talvez creia na alma do Homem, mas, na realidade, não crê que o universo tenha alma. Essa, porém, é a crença do Oriente, e sua contribuição mental para a humanidade está penetrada por essa ideia. É por isso que nós, no Oriente, não necessitamos descer aos pormenores e neles nos obstinarmos; porque o mais importante é essa alma universal que manteve os sábios orientais abstraídos em profunda meditação, ao passo que os artistas se lhes igualavam em suas criações.

Como temos fé nessa alma universal, nós orientais sabemos que a Verdade, o Poder e a Beleza residem na Simplicidade, onde tudo é transparente e as coisas não obstruem a visão interior. Todos os nossos sábios procuraram tornar sua vida simples e pura, porque assim alcançam a compreensão de uma positiva Verdade que, embora invisível, é mais real que o corpóreo e o numeroso.

Quando dizemos que a arte só é adequada com as verdades que são pessoais, não excluímos as ideias filosóficas, aparentemente abstratas. Elas são muito abundantes em nossa literatura, porque foram entretecidas com as fibras de nossa natureza pessoal. O exemplo que aqui lhes ofereço esclarecerá esse ponto. Eis a tradução de um poema escrito por uma poetisa da Índia medieval. Seu tema é a vida:

MEDITAÇÕES

Eu saúdo a vida, que é como semente germinada,
com um braço que se eleva no ar
e o outro sepultado no chão.
A vida que é una, em sua forma externa e em sua seiva interior;
a vida que sempre aparece e desaparece.
Eu saúdo a vida que vem e a vida que passa.
Eu saúdo a vida que se revela e a que se oculta.
Eu saúdo a vida em suspenso, imóvel como uma montanha,
e a vida do enraivecido mar de fogo;
a vida, tão terna como o lótus e tão cruel como a centelha.
Eu saúdo a vida da mente, que tem um lado na sombra
e outro lado na luz.
Eu saúdo a vida da casa e a vida de fora, no desconhecido;
a vida repleta de prazeres e a vida esmagada por pesares;
a vida eternamente patética, que agita o mundo para
aquietá-lo;
a vida profunda e silenciosa que explode em fragorosas ondas.

Esse conceito da vida não é mera dedução lógica; é algo tão real para a poetisa como o ar o é para o pássaro que o sente, a cada vez que bate suas asas.

A mulher se dá conta em seu filho, mais intimamente que o homem, do mistério da vida. Essa natureza feminina que existe no poeta sentiu a profunda agitação da vida em todo o mundo. Percebeu isso não por meio de algum processo racional, mas pela iluminação de seu sentimento, que é infinita. O que explica que a mesma ideia, considerada como mera abstração por quem possui um sentido limitado da realidade, adquire a luminosidade do real para quem tem sensibilidade de mais amplo alcance. Os críticos ocidentais costumam qualificar a mente indiana de metafísica, porque está pronta para se remontar no infinito. Mas, para a Índia, o infinito não é apenas um tema de especulação filosófica. Ele é tão real como a luz do sol. É preciso vê-lo, senti-lo, mesclá-lo com a própria vida. Por isso, o infinito aparece tão profusamente no simbolismo do culto da Índia, em sua literatura. O poeta do Upanixade disse que o mais leve movimento de vida seria impossível se os céus não estivessem repletos de alegria infinita. Essa presença universal foi tão real para ele como a terra que pisava. E mais ainda. A compreensão desse infinito inspirou a certo poeta indiano do século XV o seguinte canto:

> *Ali soa o ritmado pulsar da vida e da morte.*
> *O arroubo flui como fonte e todo o espaço está radiante*
> *de luz.*
> *Ali soa a música não tocada; é a música de amor*
> *de três mundos.*
> *Ali ardem milhões de lâmpadas de sol e de lua.*
> *Ali ribomba o tambor, e o amante se balança, brincando.*
> *Ali ressoam cânticos de amor, e a luz chove em torrentes.*

Na Índia, nossa literatura é preferentemente religiosa, porque para nós Deus não é um Deus distante. Ele está em nossos lares, assim como em nossos templos. Sentimos sua proximidade em todas as relações humanas de amor e afeto e em nossas festividades. Ele é o hóspede principal a quem reverenciamos.

Nas estações de flores e frutos, quando a chuva se aproxima, na plenitude do outono, vemos a fímbria de seu manto e ouvimos seus passos. Nós o adoramos em todos os objetos verdadeiros de nossa adoração, e o amamos onde quer que nosso amor é verdadeiro. Nós o sentimos na mulher boa; no homem leal nós

MEDITAÇÕES

o conhecemos; ele nasce de novo em nossos filhos: a Criança Eterna. Por isso, nossos cânticos religiosos, nossas melancólicas canções de amor e nossos momentos críticos domésticos, como o nascimento de um filho ou a visita de uma filha que chega do lar de seu esposo para ver seus pais, e seu posterior retorno, estão entretecidos em nossa literatura como um drama dominado pelo divino.

É por isso que o domínio da literatura estendeu-se até essa região que parece oculta no profundo do mistério, tornando-a humana e dando-lhe voz. Ela vai crescendo, no mesmo passo que a conquista feita pela personalidade humana no reino da verdade. Vai crescendo, não só dentro da história, da ciência e da filosofia, mas também em nossa simpatia cada vez mais intensa, em nossa consciência social. A literatura clássica da antigüidade era povoada apenas de santos, de reis e de heróis. Não iluminava os homens que amavam e sofriam na obscuridade. Contudo, assim como a luz da personalidade do homem lança seus raios sobre um espaço maior, penetrando até rincões escondidos, também o mundo da arte ultrapassa suas fronteiras e se dilata até regiões inexploradas. Dessa forma, a arte vai marcando com seus símbolos de beleza, que surgem em lugares onde antes não havia voz nem cores, a conquista que o homem realiza no mundo. Ela vai proporcionando ao homem alguns estandartes sob os quais marcha a luta contra o vazio e o inerte, afirmando por onde quiser seus direitos vivos sobre a criação de Deus. Até o espírito do deserto confessou seu parentesco com o homem, e as solitárias pirâmides comemoram a confluência do silêncio da Natureza com o silêncio do espírito humano. A obscuridade das cavernas cedeu sua quietude à alma do homem e, em troca, foi coroada secretamente com a grinalda da arte. Os sinos repicam nos templos, da mesma forma nas aldeias e nas cidades populosas, proclamando que o infinito não é para o homem um mero vazio. Essa intrusão da personalidade do homem não reconhece barreiras, e até os mercados e fábricas da era atual, até as escolas onde os filhos do homem se tornam cativos e os cárceres onde estão os delinquentes se abrandarão em contato com a arte e perderão seu traço distintivo de rígida discordância com a vida. Com efeito, o esforço único da personalidade do homem tende a transformar em humano tudo aquilo que possui, na verdade, algum interesse. E a arte, assim como a vegetação cultivada, indica até onde o homem conseguiu tornar seu o deserto.

Já dissemos que onde quer que haja um elemento de superfluidade nas relações de nosso coração com o mundo, nasce a arte. Em outras palavras, quando nossa personalidade se sente transbordante de riqueza, ela começa seus esbanjamentos. O que consumimos em nós mesmos gasta-se totalmente. O que excede nossa necessidade torna-se articulado. O período da utilidade pura se parece com o grau de calor, que é obscuro. Quando é ultrapassado, torna-se vermelho-branco, e é aí que ele adquire toda a sua capacidade de expressão.

Consideremos, por exemplo, nosso deleite em comer. Ele se satisfaz logo e não oferece qualquer indicação do infinito. Portanto, embora em sua extensão ele seja mais universal que outro afã qualquer, ele é rejeitado pela arte.

Em nossa vida temos uma parte que é finita, e na qual nos esgotamos a cada passo; temos, porém, outra parte em que nossa aspiração, nosso prazer e nosso sacrifício são infinitos. Esse lado infinito do homem necessita ter sua revelação em alguns símbolos que possuam elementos de imortalidade. Esse lado do homem busca por natureza a perfeição, recusando tudo o que é frívolo,

MEDITAÇÕES

não substancial e incongruente. Ele constrói para sua moradia um paraíso em que apenas se empregam os materiais que superaram a condição mortal do terreno.

Os homens, com efeito, são criaturas da luz. Sempre que plenamente percebem a si mesmos, eles sentem sua imortalidade. E, ao senti-la, estendem seu reino do imortal a todas as regiões da vida humana.

Essa edificação de seu mundo verdadeiro – o mundo vivo da Verdade e da Beleza – é a função da arte.

O homem é verdadeiro apenas no ponto em que sente sua própria infinitude, naquilo que ele tem de divino, e o divino é o que nele há de criador. Ao alcançar sua verdade, portanto, ele cria. Porque ele pode, certamente, viver sua própria criação e fazer com o mundo de Deus seu próprio mundo. Esse é o céu que lhe pertence, o céu das ideias encarnadas em formas perfeitas, com as quais ele se rodeia; onde nascem seus filhos, onde aprendem a viver e a morrer, a amar e a combater, onde aprendem que o real não é unicamente aquilo que se vê, nem a riqueza aquilo que se entesoura. Se o homem pudesse escutar a voz que surge do seio de sua própria criação, ele ouviria a mesma mensagem trazida por aquele sábio indiano das velhas eras:

> *Escutai-me, criaturas do imortal, habitantes dos mundos celestiais! Eu conheci a Pessoa Suprema que, como luz, vem da escuridão que se encontra mais além.*

Sim, esse Ser Supremo é quem deu a conhecer ao homem e tornou este universo tão profundamente pessoal para ele. É por isso que, na Índia, os lugares para onde afluem nossas peregrinações encontram-se na confluência do rio e do mar, na neve eterna do topo da montanha, na solitária costa, onde se revela algum aspecto do infinito que conserva sua voz poderosa para nosso coração; e aí o homem deixou em suas imagens e templos, em suas pedras lavradas, estas palavras:

Escutai-me: eu conheci o Ser Supremo.

Não encontramos essa voz naquilo que é simples substância e lei deste mundo; e sim onde o céu é azul e o campo verde; onde a flor tem sua beleza e o fruto seu sabor; onde não há somente perpetuação da raça, mas alegria de viver e amor de nossos semelhantes, simpatia e abnegação: é aí que nos é revelada a Pessoa que é infinita. Aí não nos são propostos simples fatos, mas sentimos o vínculo da relação pessoal que amarra para sempre nossos corações a este mundo. E isso é a Realidade, que se apoia na verdade tornada nossa – a verdade que mantém sua relação eterna com a Pessoa Suprema. Este mundo, cuja alma parece estar sempre desejosa de expressão em seu ritmo sem fim de linhas e cores, de música e movimento, sugere e sussurra; e toda a sugestão do inefável encontra sua harmonia no incessante anseio que o coração humano sente de fazer com que a Pessoa se manifeste em suas próprias criações.

A ânsia de manifestação dessa Pessoa nos torna pródigos em nossos recursos. Quando acumulamos riquezas, temos de prestar contas estritas de todos os nossos bens, calcular com exatidão e agir com cautela. Todavia, quando nos pomos a expressar a ideia de nossa riqueza, parece como se tivéssemos perdido de vista qualquer ideia de limitação. Na realidade, nenhum de nós possui riquezas suficientes para expressar de modo pleno o que entendemos por riqueza. Quando tratamos de salvar nossa vida do embate de um inimigo, somos precavidos em nossos movimentos. Porém, quando nos sentimos obrigados a expressar nosso valor pessoal, com prazer enfrentamos os maiores riscos e chegamos até a perder nossas vidas. Pomos cuidado no gasto cotidiano; nas festas, porém, quando expressamos nosso júbilo, nosso esbanjamento costuma ir sempre muito mais além de nossos recursos. Com efeito, quando se intensifica em nós a consciência de nossa própria personalidade, exercemos a divina capacidade de ignorar a tirania dos fatos. Somos moderados ao tratar o homem com quem nos liga uma relação dominada pela prudência; sentimos, porém, que não temos o bastante para aqueles a quem amamos. O poeta diz da amada:

> *Parece que contemplei tua beleza desde o princípio de minha existência; que tive a ti em meus braços pelos séculos dos séculos e, no entanto, isso não me bastou.*

Ele diz: "As pedras se desfariam de ternura se fossem tocadas pelo ar mexido por teu sari".

Ele sente que seus olhos "suspiram por voar como pássaros, para ver sua amada".

Julgadas à luz da razão, essas palavras se tornam hiperbólicas; porém, à luz do coração, livre das limitações dos fatos, elas são estritamente exatas.

Não acontece o mesmo na criação de Deus? Nela, as forças são simples fatos e a matéria o é também. Podemos fazer delas uma conta estrita e podemos pesá-las e medi-las com exatidão. Somente a beleza não é um simples fato; não podemos contá-la: não podemos deslindá-la e consigná-la em um gráfico. Ela é uma expressão. Os fatos são como taças de vinho que a contêm; a beleza os oculta, os transborda. Ela é infinita em suas sugestões; é pródiga em suas palavras. Ela é, portanto, pessoal, até mais além da ciência. Ela canta, como o poeta o faz:

> *Parece que contemplei tua beleza desde o princípio de minha existência; que tive a ti em meus braços pelos séculos dos séculos e, no entanto, isso não me bastou.*

Desse modo, percebemos que nosso mundo da expressão não coincide exatamente com o mundo dos fatos, porque a personalidade os transborda em todas as suas facetas. Ela conhece sua infinitude e cria por meio de sua abundância; e, exatamente porque na arte as coisas são abordadas a partir do ponto de vista da Pessoa Imortal, as coisas que nos parecem importantes em nossa vida comum dos fatos tornam-se irreais quando as colocamos no pedestal da arte. A notícia de um periódico a respeito de qualquer incidente doméstico na vida de um magnata comercial pode produzir excitação na sociedade; e, no entanto, perderia inteiramente sua grandeza se o colocássemos junto às grandes obras de arte. Bem podemos imaginar como semelhante relato esconderia o rosto, envergonhado, se, por cruel acidente, se visse ao lado da "Ode a uma urna grega", de Keats.

O mesmo fato, no entanto, quando é tratado com profundidade, quando é despojado de sua superficialidade convencional, pode aspirar a um lugar melhor em arte que as negociações encaminhadas para obter um grande empréstimo para a China, ou a derrota da diplomacia britânica na Turquia. O simples incidente doméstico de um homem ciumento de sua esposa, como acontece em uma das tragédias de Shakespeare, tem um valor muito mais elevado no âmbito da arte do que o código de regulamentação de castas na escritura de Manu, ou que a lei que proíbe os habitantes de certa parte do mundo receber um trato humano em outra região. Com efeito, quando os fatos são vistos unicamente como tais fatos, com sua cadeia de consequências no mundo deles próprios, a arte os deixa de lado.

Em troca, quando leis e regras, como as que mencionei, são consideradas em sua aplicação particular a algum indivíduo humano, com toda a sua injustiça, sua afronta e sua dor, então elas são vistas em sua total verdade e se transformam em matéria de arte. O dispositivo de uma grande batalha pode ser um fato importantíssimo, embora inútil para os fins da arte. Em troca, o que a batalha causou a um só soldado individual, separado daqueles a quem ama e mutilado pelo resto de sua vida, tem um valor vital para a arte que trata de reproduzir a realidade.

O mundo social do homem vem a ser, por vezes, como certas nebulosas; ele consiste principalmente de uma névoa de abstrações sob nomes como a sociedade, o estado, a nação, o comércio, a política e a guerra. O homem se esconde e a verdade se desvanece em seu amorfismo compacto. A ideia vaga e geral da guerra esconde de nossa visão uma multidão de misérias e obscurece nosso sentido da realidade. O conceito da nacionalidade é responsável por crimes que seriam aterradores, caso por um momento essa bruma pudesse ser rasgada. O conceito de sociedade criou inumeráveis formas de escravidão, que apenas toleramos porque ela se amortizou em nossa consciência da realidade do indivíduo. Em nome da religião foram consumados crimes que esgotariam todos os castigos do inferno, porque em seus credos e dogmas a religião aplicou um enorme anestésico sobre boa parte dos sentimentos da humanidade. No mundo do homem, o Ser Supremo sofre onde quer que presencie o sacrifício da realidade humana pela imposição do abstrato.

Em nossas escolas, a ideia da classe oculta a realidade dos alunos; eles se tornam estudantes e não indivíduos. E, no entanto, não nos causa lástima ver a vida das crianças achatada em suas classes, como flores prensadas entre as folhas de um livro. No governo, a burocracia trata de generalizações, e não de homens. E, portanto, não lhe importa incorrer em crueldades da pior espécie. Quando aceitamos como verdade uma máxima científica, tal como a da "sobrevivência do mais apto", todo o mundo da personalidade humana se transforma imediatamente em um deserto monótono de abstração, onde as coisas se tornam terrivelmente simples porque estão despojadas do mistério da vida.

Aí, nessas vastas nebulosas, é onde a arte cria suas estrelas; estrelas que se definem por sua forma, mas que são infinitas em sua personalidade. A arte nos chama de "criaturas do imortal", e proclama nosso direito de morar nos mundos celestiais.

O que existe no homem que afirme sua imortalidade, apesar do fato patente do morrer? Não, sem dúvida, seu corpo físico nem sua organização mental, mas essa unidade mais profunda, esse mistério último que existe naquele que, a partir do centro de seu mundo, se irradia até a periferia; que está em sua mente e, apesar disso, cresce até excedê-la; que, por meio das coisas que lhe pertencem, expressa algo que não está nelas; que ocupa seu presente, mas ultrapassando as margens do passado e do futuro. É a personalidade do homem, consciente de sua abundância inesgotável; que sustenta em si o paradoxo de que ela é mais do que ela mesma; que supera o que dela se vê, se conhece e se emprega. E essa consciência do infinito, que existe no indivíduo, luta sempre para tornar imortal sua expressão e assenhorear-se de todo o mundo.

Na arte, a pessoa que há em nós vive enviando suas mensagens ao Ser Supremo que, por meio do mundo sem luz dos fatos, a nós se revela em um mundo de beleza ilimitada.

2
MINHA ESCOLA EM BENGALA

Eu estava perto dos quarenta anos quando estabeleci uma escola em Bengala. Na realidade, era algo que ninguém esperava de mim, uma vez que eu passara a maior parte de minha vida escrevendo, e escrevendo principalmente versos. De modo que as pessoas pensaram, como era natural, que meu empreendimento não seria dos melhores, como fruto de atrevida inexperiência.

Esta é uma das razões pelas quais costumam perguntar-me em qual ideia se baseia minha escola. Essa pergunta se torna bastante embaraçosa porque, para satisfazer o que meus interrogadores esperam, não posso recorrer a lugares-comuns. De qualquer modo, resistirei à tentação de ser original, contentando-me em ser apenas veraz.

Confessarei, antes do mais, que me é difícil dizer qual ideia sustenta minha instituição. Porque uma ideia não é como o alicerce fixo sobre o qual se erige um edifício. É mais como uma semente que alguém não pode arrancar e mostrar quando começa a se transformar em planta.

Sei bem a que essa escola deveu sua origem: não foi alguma nova teoria sobre educação, e sim a recordação de meus dias escolares.

RABINDRANATH TAGORE

O fato de que minha vida de estudante não tenha sido nada feliz para mim, não posso atribuí-lo inteiramente a meu temperamento peculiar, nem a algum demérito das escolas que frequentei. Se eu tivesse sido um menino um pouco menos sensível, talvez tivesse podido adaptar-me pouco a pouco a sua pressão e tivesse superado o suficiente para ganhar meus graus universitários. Todavia, as escolas são escolas, algumas melhores e outras piores, conforme seu tipo.

A criança encontra sua nutrição no leite materno. Tem sustento e regaço maternal ao mesmo tempo. É o que a nutre, no corpo e na alma. Dessa forma, a criança encontra-se pela primeira vez com a grande verdade de que a relação certa do homem com o mundo é uma relação de amor pessoal e não o efeito de uma lei mecânica.

Os aspectos peculiares da introdução e do final de um livro acusam certa semelhança. Nos dois lugares se oferece o aspecto completo da verdade, embora na introdução ela seja simples, porque ainda não se desenvolveu, ao passo que no fim ela se torna de novo simples, porque já se encontra perfeitamente desenvolvida. A verdade, em seu percurso, tem um lugar médio em que ela é complexa, no qual se lastima ao tropeçar em obstáculos, e se despedaça, para depois tornar a se encontrar em uma unidade de pensamento mais plena.

De modo semelhante, o advento do homem a este mundo é sua introdução a sua verdade última em uma forma simples.

O homem nasce para um mundo que lhe parece intensamente vivo e onde ele, como indivíduo, ocupa toda a atenção com aquilo que o circunda. Logo se põe a duvidar desse aspecto profundamente pessoal da realidade; perde-se entre a complexidade das coisas; separa-se daquilo que o circunda, e frequentemente o

MEDITAÇÕES

faz com sentimento de antagonismo. Todavia, essa desagregação da unidade da verdade, essa inflexível luta civil entre a personalidade do homem e seu mundo externo não podem ter como significação uma interminável discórdia. Então, para encontrar a verdadeira conclusão de sua vida, o homem tem de regressar por dentro dessa digressão de dúvida para a simplicidade da verdade perfeita, para sua união com o Todo em um infinito vínculo de amor.

Por causa disso, nossa infância deveria receber integralmente o gole de vida que lhe cabe e pelo qual sente enorme sede. A mente juvenil deveria inundar-se com a ideia de que nasceu em um mundo humano que se encontra em harmonia com o mundo que a circunda. E isso é o que nossa escola de tipo corrente omite com certo ar de sabedoria superior, severa e desdenhosa. Com toda violência, ela arrebata as crianças de um mundo repleto do mistério da obra da própria mão de Deus, repleto da sutil insinuação da personalidade. É um método de disciplina que se nega a respeitar os justos direitos da vida individual. É uma fábrica especialmente idealizada para tornear produtos uniformes. Ao escavar o leito da educação que elabora, ela segue a reta imaginária de um tipo médio. Contudo, a linha da vida não é reta, porque ela gosta de brincar de alto-e-baixo com a linha do tipo médio, com isso estimulando a rebelião contra as severidades da escola, uma vez que para esta a vida só é perfeita quando permite ser tratada como coisa morta, que pode ser recortada em partes simétricas conforme seja conveniente. A isso se deveram meus sofrimentos quando fui mandado à escola, porque repentinamente vi que meu mundo se desvanecia a meu redor e era substituído por bancos de madeira e por algumas paredes retangulares que me contemplavam com o olhar fixo, próprio dos cegos. Eu não era obra do mestre de escola; não se consultou o Conselho de Educação do governo quando eu vim ao mundo. E seria esse um motivo para que vingassem em mim essa omissão de meu criador?

Conforme a lenda, o fato de comer o fruto da árvore da ciência tornou-se incompatível com morar no paraíso. E desse modo explica-se que os filhos dos homens tenham de ser expulsos de seu éden para um reino da morte, governado por uma espécie de autômatos da educação. Minha mente teve de aceitar, portanto, a hermética cela da escola, a qual, como os sapatos de uma mandarina chinesa, oprimia e esfolava minha natureza de todos os lados e a cada movimento.

Menos mal que me libertei antes de tornar-me insensível.

Apesar de eu não ter sido forçado a passar todo aquele longo período que os homens de minha posição devem sofrer, a fim de ter acesso à sociedade culta, alegra-me não ter escapado inteiramente dessa moléstia, porque foi assim que adquiri conhecimento do mal que os filhos dos homens sofrem.

A causa disso é que os propósitos do homem vão contra os de Deus no que se refere ao modo como as crianças devem adquirir o conhecimento. É algo nosso decidir como devemos dirigir nossos negócios e, portanto, em nossos escritórios, estamos livres para idealizar o que convém a nossos projetos. Mas esse arranjo burocrático das coisas não satisfaz a criação de Deus. E as crianças são criações divinas.

Viemos ao mundo para aceitar a Deus e também para conhecê-lo. Podemos tornar-nos poderosos por obra do conhecimento, mas não chegaremos à plenitude a não ser por obra da simpatia. A mais elevada educação é a que só nos fornece dados, mas a que põe nossa vida em harmonia com toda a existência. Contudo, vemos que nas escolas não só se ignora sistematicamente essa educação da simpatia, mas também que ela é ainda severamente reprimida. Desde nossa própria infância formam em nós hábitos e nos ensinam a "conhecer" de tal modo, que nossa vida se afasta da Natureza, e nossa mente e o mundo se põem em luta desde nossos primeiros anos. A educação máxima, para a qual vínhamos preparados, é descuidada; e fazem-nos perder nosso mundo para, em troca, encontrar uma caterva de dados. Roubamos da criança esta terra, que é dela, para lhe ensinar geografia; roubamos sua linguagem, para lhe ensinar gramática. Ela tem fome do épico, e não lhe damos mais que crônicas de acontecimentos e datas. Ela nasceu para um mundo humano, mas é atirada a um mundo de gramofones vivos para expiar o pecado original de ter nascido na ignorância. A natureza infantil protesta contra essa calamidade com toda a força que o sofrimento proporciona; ela, porém, finalmente se vê reduzida ao silêncio, impelida pelos castigos.

Todos nós sabemos que as crianças amam a terra; seu corpo e sua mente estão, como as flores, sedentos de luz, de sol, de ar. Elas jamais se sentem inclinadas a deixar de ouvir os constantes convites que o universo faz a seus sentidos para que se estabeleça uma comunicação direta entre eles.

No entanto, infelizmente para as crianças, seus pais, no desempenho de sua profissão, de acordo com as tradições sociais, vivem em um mundo peculiar de hábitos. Isso é, em grande parte, inevitável, porque os homens têm de se especializar, induzidos pelas circunstâncias e pelos imperativos da uniformidade social.

Nossa infância, porém, é o período em que temos ou deveríamos ter mais liberdade: sim, estar livres da necessidade de nos especializarmos dentro dos reduzidos limites do convencionalismo social e profissional.

RABINDRANATH TAGORE

Tenho bem presentes a surpresa e o pesar de um diretor de escola muito experiente e que gozava a fama de ter obtido grandes êxitos quanto à disciplina, quando viu uma das crianças de minha escola subir a uma árvore, procurando uma forquilha entre os galhos onde pudesse se acomodar para estudar. Tive de dizer-lhe, à guisa de explicação, que "a infância é a única época da vida em que o homem civilizado pode escolher à vontade entre os galhos de uma árvore e qualquer assento da sala, e, assim sendo, deveria eu privar esses rapazes de tal privilégio, só porque a mim, por ser homem idoso, não me era permitido desfrutá-lo?" O surpreendente é perceber que esse mesmo diretor de escola achava natural que as crianças estudassem a botânica. Ele acreditava que é excelente o conhecimento impessoal da árvore, porque é ciência; mas não pensava o mesmo a respeito da experiência pessoal. Esse desenvolvimento do conhecimento prático ajuda a formação de um instinto, que é resultado desse método de instruir próprio da própria natureza. As crianças de meu colégio adquiriram um conhecimento instintivo da fisionomia da árvore. Tocando-a apenas, eles já sabem onde encontrar um pequeno espaço cômodo em um tronco aparentemente inóspito; sabem muito bem até onde chega a resistência dos galhos e como distribuir o peso do corpo para que ele se torne o menos pesado possível para os galhos pequenos. Meus alunos estão capacitados para tirar o maior proveito de uma árvore, recolhendo seus frutos, descansando em seus galhos e nela se escondendo de perseguidores temíveis. Quanto a mim, fui educado em um lar culto da cidade e, no que se refere a minha conduta pessoal, vi-me obrigado a comportar-me durante minha vida toda como se tivesse nascido em um mundo em que não houvesse árvores. Por esse motivo, considerei que é parte da educação que devo dar a minhas crianças deixar

MEDITAÇÕES

que elas se deem conta exata de que vivem dentro de um plano de vida em que as árvores são um fato substancial, e não apenas alguns seres geradores de clorofila, destinados a depurar o ar do carbono, mas árvores vivas.

As plantas de nossos pés estão feitas por natureza para serem os melhores instrumentos para nos mantermos erguidos na terra e andar. Desde o dia em que começamos a usar sapatos, restringimos a função de nossos pés. Ao diminuir sua responsabilidade, sua dignidade diminuiu, e agora eles se prestam a ser mimados com meias, sapatilhas e sapatos de todos os preços, todas as formas e todas as desproporções imagináveis. Para nós é motivo de queixa contra Deus que não nos tenha dado cascos em vez das plantas dos pés, tão lindamente sensitivas.

Não sou a favor de que se suprima totalmente o calçado; mas não vacilo em afirmar que as plantas dos pés das crianças não deveriam ser privadas de educação, livre de custo, conforme a Natureza o dispôs. De todos os membros de que dispomos, as plantas dos pés são as que melhor se adaptam para adquirir por meio do tato o conhecimento íntimo da terra, porque esta tem sutis modulações de contorno que oferece apenas ao beijo de seus fiéis amantes: os pés.

Devo confessar novamente que fui educado no seio de uma família respeitável e que meus pés, desde a infância, foram cuidadosamente poupados de todo contato nu com o chão. Quando pretendo imitar meus rapazes, caminhando descalço, dou-me conta, com muita dor, da ignorância que a respeito da terra tenho na planta de meus pés. Invariavelmente piso em espinhos, de tal modo que parece que eles se alegram com isso. Meus pés não têm o instinto que lhes tornaria fácil acertar com os lugares mais suaves. Com efeito, até a superfície mais plana da terra tem suas protuberâncias, colinas diminutas e pequenos vales, que apenas os pés educados sabem perceber. Com frequência, fiquei maravilhado com o louco ziguezaguear das trilhas que cruzam alguns campos perfeitamente planos. Isso é ainda mais assombroso quando vocês consideram que uma trilha não é obra do capricho de um só indivíduo. Pensa alguém que, sem possuir a maioria dos viandantes a mesma extravagância, essas trilhazinhas, que à primeira vista são inconvenientes, teriam podido se formar. Mas a causa real de seu traçado caprichoso está nas sugestões sutis que a própria terra dá e às quais nossos pés respondem inconscientemente. Aqueles que estão em comunicação com a terra, que não se afastaram dela, podem ajustar os músculos de seus pés à menor indicação. E, desse modo, conseguem salvar-se dos espinhos, mesmo que andem sobre eles, e caminham descalços por uma vereda cheia de cascalhos sem o menor incômodo. Sei muito bem que no mundo prático se usarão sapatos, se pavimentarão os caminhos e se usarão veículos. Todavia, durante o período de sua educação, não se deveria ensinar à criança que nem todo o mundo é uma sala, que existe uma coisa que se chama Natureza, com a qual todos os membros dele belamente correspondem?

Há pessoas que pensam que, pela simplicidade da vida que adotei em minha escola, eu prego a idealização da pobreza que prevalecia na Idade Média. Não me proponho a discutir minuciosamente aqui esse aspecto da questão; contudo, do ponto de vista da educação, não deveríamos acaso admitir que a pobreza é a escola em que o homem teve suas primeiras lições e sua melhor educação prática? Até o filho de um milionário tem de nascer irremediavelmente pobre e começar pelo princípio sua lição da vida. Tem de aprender a andar da mesma forma que a mais pobre de todas as crianças, embora possua recursos que lhe permitiriam renunciar à dependência de suas pernas. A pobreza nos põe em pleno contato com a vida e com o mundo, porque viver com riqueza é viver principalmente por meio de outros, o que lhe retira a realidade do mundo que habitamos. Isso pode parecer bom por causa do prazer e do orgulho que lhe proporciona; não, porém, para a educação. A riqueza é uma jaula de ouro em que os filhos dos ricos vão amortizando artificialmente suas faculdades. Desse modo, portanto, em minha escola, com grande pesar das pessoas que têm hábitos de luxo, tive de me acomodar à escassez de mobiliário e de materiais –, não porque isso constitua pobreza, mas porque leva à aquisição do conhecimento prático e pessoal daquilo que o mundo é.

Minha proposta é que os homens disponham de um período limitado de sua existência, reservado especialmente para que levem uma vida de homens primitivos. Aos intrometidos civilizados não foi permitido ainda se ocupar das criaturas não nascidas. No claustro materno, o infante dispõe de todo o tempo que necessita para passar seu primeiro período de vida vegetativa. Contudo, logo que nasce, com todos os seus instintos preparados para o período seguinte, que é o da vida natural, ele se vê assediado pela sociedade de costumes cultos, que o arrebata dos braços abertos da terra, da água e do céu, e o afasta da luz, do sol e do ar. No princípio, a criança luta e chora com amargura; depois, porém, vai paulatinamente esquecendo-se de que herdou a criação de Deus; e fecha suas janelas, corre suas cortinas, perde-se no meio de uma multidão de objetos sem sentido e se ufana do que entesoura à custa de seu mundo, e talvez ao custo de sua alma.

O mundo civilizado, mundo de convencionalismos e de coisas, encontra-se na metade da carreira do homem. Não está no princípio nem no fim. Sua enorme complexidade e seu código da conveniência têm suas vantagens. Contudo, quando essas coisas são consideradas como um fim em si mesmas e se estabelece a regra de que não deve restar nenhum lugar verde na vida do homem, além de seu reino de fumaça e de ruído, de correção cheia de almofadas e adornos, então as crianças sofrem e os jovens sentem fastio do mundo, os anciãos se esquecem de envelhecer na paz e na beleza, transformando-se em jovens decrépitos que se envergonham do desalinhamento de sua velhice, cheios de cataplasmas e achaques.

Todavia, o certo é que os infantes, quando se prontificaram a nascer nesta terra, não procuraram esse mundo de decência mascarada e rodeada de biombos. Se tivessem tido a menor ideia de que iam abrir os olhos à luz do sol, tão somente para se encontrarem em mãos de instituições educativas até perder o frescor da mente e a agudez do sentido, teriam pensado bem antes de se aventurarem em sua carreira de seres humanos. Os desígnios da Providência jamais são despóticos e isolados. Eles sempre oferecem a harmonia de uma totalidade e de uma continuidade íntegra com todas as coisas. Portanto, em meus dias de escolar, torturava-me o fato de que o colégio não fosse tão completo como o mundo, e sim um lugar especialmente preparado para dar lições. Ele apenas podia ser adequado para pessoas já crescidas, que se dessem conta da necessidade especial desses lugares e dispostas a aceitar seu ensinamento à custa de se dissociarem da vida. Contudo, as crianças estão enamoradas da vida e este é seu primeiro amor. Toda cor e todo movimento atraem sua veemente atenção. E estamos certos, totalmente seguros, de que seja prudente apagar esse amor? As crianças não nascem ascetas, inclinadas a entrar, já de início, nessa espécie de disciplina monástica que é a de adquirir conhecimentos.

MEDITAÇÕES

No princípio, as crianças devem recolher noções por meio de seu amor à vida; depois, já irão renunciar a esta para ganhar conhecimento e, em seguida, voltarão novamente a uma vida mais plena, com a sabedoria já madura.

A sociedade, porém, dispôs as coisas de modo que a mente dos homens se acomode, desde o princípio, a seus padrões especiais. Seus dispositivos são tão herméticos que se torna difícil encontrar aberturas por onde se possa neles fazer a Natureza penetrar.

Há uma série de castigos que perseguem até o fim quem se atrever a tomar a liberdade de alterar qualquer pormenor desses dispositivos; isso é feito para salvar sua alma. Portanto, uma coisa é compreender a verdade e outra pô-la em prática quando toda a corrente do sistema que prevalece está contra alguém. É por isso que, quando tive de me enfrentar com o problema da educação de meu próprio filho, eu me vi perplexo e sem saber como lhe dar uma solução prática. A primeira coisa que fiz foi tirá-lo do meio citadino, levá-lo a uma aldeia e dar-lhe a liberdade da natureza primitiva, até onde é possível nos tempos atuais.

Ele tinha a sua disposição um rio muito conhecido por ser perigoso, no qual nadava e remava, sem que a ansiedade de seus parentes mais velhos o detivesse. Ele passava o tempo no campo e em algumas dunas de areia, virgens de pisadas humanas; e chegava tarde para comer, sem que lhe pedissem contas. Não tinha nenhum daqueles luxos que não só são coisas habituais, mas que são considerados muito próprios para os meninos de sua condição. Estou certo de que se compadeciam dele por essas privações, ao passo que seus pais eram culpabilizados por aquelas pessoas para as quais a sociedade anulou todo o resto do mundo. Eu, porém, de minha parte, estava seguro de que os luxos são um fardo para as crianças. São o fardo dos costumes de outras pessoas; o fardo imposto pelo orgulho e prazer que os pais sentem na pessoa de seus filhos.

Como meus recursos eram limitados, foi muito pouco, no entanto, o que pude fazer pela educação de meu filho segundo meu plano. Mas ele teve liberdade de ação; poucos eram os biombos de riqueza e de respeitabilidade que lhe ocultassem o mundo da natureza, de modo que ele esteve em melhores condições que eu para adquirir um conhecimento prático de nosso universo.

Havia, além disso, uma coisa que se aferrava a minha imaginação mais que qualquer outra, porque a considerava de maior importância.

O objetivo da educação consiste em que o homem alcance a unidade na verdade. Antigamente, quando a vida era simples, todos os vários elementos do homem estavam em completa harmonia. Porém, quando o intelecto divorciou-se do espiritual e do material, a educação nos colégios concentrou todo o seu empenho no intelecto e no aspecto físico do homem. Dedicamos nossa atenção a dar às crianças informações, sem perceber que, com essa preponderância, tornamos mais profunda a divisão que existe entre a vida intelectual, a física e a espiritual.

Cremos em um mundo espiritual, não como coisa separada deste mundo, mas como sua verdade mais íntima. No ar que respiramos devemos sentir sempre essa verdade: que vivemos em Deus. Nascidos neste ingente mundo, cheio de mistério do infinito, não podemos aceitar que nossa existência seja uma irrupção momentânea da casualidade, deslizando na corrente da matéria, sem qualquer rumo certo. Não podemos considerar nossas vidas como sonhos de um sonhador que jamais despertará. Possuímos uma personalidade para a qual a matéria e a força não têm sen-

MEDITAÇÕES

tido, a menos que se relacionem com algo infinitamente pessoal, cuja natureza descobrimos, até certo ponto, no amor humano, na grandeza do bem, no martírio das almas heroicas, na beleza inefável da Natureza, que não pode ser um simples fato físico nem outra coisa além de uma expressão da personalidade.

O conhecimento prático desse mundo espiritual, cuja realidade deixamos de perceber por causa de nosso hábito incessante de nele não deter a mente desde a infância, tem de ser adquirido pelas crianças vivendo nele plenamente, e não por meio de uma educação teológica. O problema, porém, bem difícil de resolver nos tempos atuais, é como se deve adquirir esse conhecimento prático do mundo. Porque agora os homens comprometeram seu tempo de tal modo, que não têm mais um segundo disponível para se dar conta de que suas atividades são unicamente movimentos, com escassa dose de verdade, e de que sua alma não encontrou o mundo que lhe pertence.

Na Índia ainda veneramos a tradição das colônias fundadas pelos grandes mestres em plena selva. Esses lugares não eram escolas nem mosteiros, no sentido atual da palavra. Eram lares em que viviam com suas famílias alguns homens cujo objetivo era ver o mundo em Deus e dar nele realidade para sua própria vida. Embora vivessem fora da sociedade, eles eram para ela, no entanto, o que o sol é para os planetas: um centro do qual a sociedade recebia luz e vida. E ali os meninos cresciam com uma visão íntima da vida eterna, até que fossem considerados aptos para se transformarem em chefes de família.

Na Índia antiga a escola esteve onde se encontrava a própria vida. Aí eram educados os estudantes, não na atmosfera acadêmica do saber e do estudo dos livros, nem na vida embotada do isolamento monástico, mas no ambiente da aspiração viva. Levavam o rebanho a pastar, recolhiam lenha, apanhavam frutas, cultivavam a bondade em relação a todas as criaturas e elevavam o espírito à altura de seus mestres. Isso era possível porque o objetivo primordial desses lugares não era ensinar, mas dar abrigo àqueles que viviam em Deus.

Essa relação tradicional entre mestres e discípulos não é uma ficção romântica; ela é provada com a relíquia que ainda possuímos do sistema indígena de educação, que conservou sua independência durante séculos, para se achar a ponto de sucumbir por fim em mãos do predomínio burocrático estrangeiro. As *chatus-pathis*, nome sânscrito das universidades, não têm sabor de escola. Os estudantes vivem no lar do mestre como filhos da casa, sem ter de pagar por seu alimento, nem por sua hospedagem, nem qualquer honorário pela instrução que recebem. O professor continua seus próprios estudos, levando uma vida de simplicidade e ajudando os alunos em suas lições, como parte de sua vida e não como profissão.

Esse ideal de educação, em que se participa da vida das elevadas aspirações do mestre, encheu minha imaginação. A mesquinhez de nosso agrilhoado futuro e a sordidez das possibilidades mutiladas de que dispomos cada vez mais me impelem para a realização desse ideal.

Aqueles que em outros países têm por sorte esperanças ilimitadas de realizar seus desígnios peculiares podem atribuir a sua educação propósitos de acordo com esses fins. O alcance de sua vida é variado e de amplitude suficiente para lhes proporcionar a liberdade necessária para desenvolver suas faculdades. Entre nós, porém, para sustentar a respeitabilidade que devemos a nós mesmos e a nosso Criador, o objetivo da educação tem de ser nada menos que alcançar o mais elevado desígnio do homem, o desenvolvimento mais pleno da alma e sua mais completa libertação.

MEDITAÇÕES

Seria lastimável ter de lutar por mínimos salários da fortuna. Tenhamos acesso apenas à vida que chega até mais além da morte e se eleva sobre todas as circunstâncias; encontremos nosso Deus; vivamos por aquela verdade última que nos emancipa da servidão do pó e nos dá a riqueza, não a riqueza das coisas, mas a da luz interior; não a do poder, mas a do amor. Tal emancipação da alma nós a presenciamos em nosso país, entre seres desprovidos de ciência escrita e que vivem em absoluta pobreza. Na Índia temos a herança desse tesouro de sabedoria espiritual. Que o objetivo de nossa educação seja abrir esse tesouro, e nos tornarmos aptos a dele fazer bom uso em nossa vida e, quando chegar o momento, oferecê-lo ao resto do mundo, como nossa contribuição para seu bem-estar eterno.

Estava eu submergido em certas atividades literárias quando esse pensamento assaltou minha imaginação com dolorosa intensidade. Senti imediatamente uma espécie de alarido que se sufoca em um pesadelo. E não era apenas minha própria alma, mas a alma de meu país que parecia lutar em mim, buscando respirar. Senti de modo claro que o que necessitávamos não era algum desígnio material determinado, nem riqueza, nem comodidade, nem poder, e sim nosso despertar para a consciência plena dentro da liberdade da alma, da liberdade da vida em Deus, onde não temos inimizade com os que combatem, nem competição com os que acumulam ouro, onde estamos fora do alcance de qualquer ataque e acima de qualquer insulto.

Por sorte, eu dispunha de imediato de um lugar em que podia empreender minha obra. Meu pai, em uma de suas muitas viagens, havia escolhido esse lugar solitário como bem adequado para sua vida de comunhão com Deus. Ele o dedicava, com doação fixa, ao uso daqueles que buscam paz e soledade para a meditação e a oração. Eu tinha comigo dez rapazes quando ali cheguei e comecei minha vida nova, sem nenhuma experiência anterior.

Rodeava por todos os lados nosso *ashram* o campo aberto extensíssimo, nu de vegetação até a linha do horizonte, exceto em trechos onde cresciam escassamente atarracadas tamareiras com dátiles e arbustos espinhosos que brigavam com as formigas. Na parte baixa do terreno há montículos inumeráveis e pequenas colinas de cascalho vermelho e de seixos de todas as formas e cores, cruzados por estreitos arroios formados pelas chuvas. Não longe, ao Sul, perto da aldeia, por entre as fileiras de tamareiras pode-se ver a límpida superfície da água, de um azul metálico, que se remanseia em uma baixada do terreno. O caminho que os aldeões percorrem para ir ao mercado do povoado se estende através dos campos solitários, tortuosos, labirínticos, com sua terra vermelha, chamejante sob o sol. Os viandantes que chegam pela trilha podem ver de longe, no cimo de uma ondulação do terreno, a torre de um templo e a cobertura de um edifício que indicam o *ashram* de Santiniketan, entre seus pequenos bosques de *amalaki* e suas alamedas ladeadas por eretas figueiras-de-bengala.

Foi aqui que a escola desenvolveu-se durante mais de quinze anos, sofrendo muitas mudanças e passando com frequência por graves crises. Por ter a má reputação de ser poeta, pude ganhar com grande dificuldade a confiança de meus patrícios e evitar a desconfiança da burocracia. Consegui isso, finalmente, até certo ponto, justamente porque não esperava, pois eu continuava a desenvolver meu plano sem me deter para buscar simpatias, ajudas ou conselhos alheios. Meus recursos eram muito reduzidos, e pesava sobre eles, além disso, uma grande dívida. Mas a própria pobreza me deu toda a força da liberdade, fazendo-me depender da verdade, mais do que das coisas materiais.

MEDITAÇÕES

Como o crescimento dessa escola esteve vinculado ao desenvolvimento de minha própria vida e não só à evolução de minhas doutrinas, os ideais em que se baseava mudaram ao chegar a sua maturidade, como um fruto que amadurece e, além de crescer em tamanho e intensificar sua cor, muda a própria qualidade de sua polpa interna. Comecei com a ideia de que tinha um fim benéfico a realizar. Trabalhei muito, mas a única satisfação que tive proveio da conta que levava do sacrifício que eu fazia – de dinheiro, de energia e de tempo –, admirando minha própria bondade incansável. Os resultados obtidos eram, no entanto, de escasso valor. Continuei, edificando um sistema depois do outro, e logo os pondo abaixo. Isso só ocupava meu tempo, mas, no fundo, minha obra continuava sem se realizar. Recordo muito bem certa vez que um antigo discípulo de meu pai veio e me disse: "O que vejo a meu redor é como uma sala em que vai se realizar uma boda e onde nada falta, quanto aos preparativos, só que o noivo está ausente". O erro que cometi consistiu em crer que o noivo que faltava era um propósito meu. No entanto, pouco a pouco meu coração encontrou seu centro: não no trabalho nem tampouco em meu desejo, mas na verdade. Sentei-me sozinho no terraço superior da casa de Santiniketan, contemplando as copas das figueiras-de-bengala na alameda. Afastei meu coração de meus próprios planos e cálculos, de minhas lutas diárias; e o elevei, em silêncio, para a paz e a presença divina que enchiam o céu; e meu coração pouco a pouco se tornou repleto.

Comecei a ver o mundo que me rodeava com os olhos da alma. As árvores me pareciam hinos silenciosos, erguendo-se do mudo coração da terra, e os gritos e as risadas das crianças que se misturavam no céu da tarde subiam até mim como árvores de sons vivos que emergem do fundo da vida humana. Descobri minha mensagem na luz do sol que tocava o íntimo de minha mente, e sentia que havia no céu uma plenitude que me falava com as palavras de nosso velho *rishi*: *Ko hyevanyat, Kah pranyat yadesha akasha anando no syat*: "Quem jamais poderia se mover e lutar e viver neste mundo, se o céu não estivesse cheio de amor?" Foi assim que, quando voltei de minha luta por alcançar resultados práticos, da ambição de oferecer benefícios aos outros, e me voltei para minha própria necessidade mais íntima; quando senti que alguém viver sua própria existência na verdade é viver a vida de todo o mundo, então a atmosfera inquieta da luta exterior apaziguou-se e a faculdade criadora abriu passagem através de tudo. Mesmo assim, tudo o que é superficial e fútil nos trabalhos de nossa instituição deve-se à desconfiança do espírito que assoma em nossa mente; à consciência inextirpável da importância que atribuímos a nós mesmos; ao hábito de buscar a causa de nossos fracassos fora de nós mesmos; e ao esforço de remediar os pontos fracos de nossa obra apertando os parafusos de sua organização. Por meio de minha experiência já sei que, quando nossa ânsia de ensinar a outros é demasiado veemente, principalmente em assuntos da vida espiritual, o resultado é pobre e misturado com a mentira. Toda hipocrisia e nosso próprio engano quanto a convicções e práticas religiosas são produtos do excessivo zelo que pomos em nossas atividades de mentores. Em nosso lucro espiritual, ganhar e dar são a mesma coisa, como acontece com a lâmpada: quando ela ilumina a si mesma, ilumina os outros. Quando um homem adota a profissão de dar o ensinamento de Deus aos outros, ele não faz mais que levantar poeira, em vez de imprimir direção à verdade. O ensinamento da religião jamais pode ser feito na forma de lições; esse ensinamento se encontra onde há religião na própria vida. É assim que o ideal da colônia silvestre de

MEDITAÇÕES

buscadores de Deus, como escola verdadeiramente única da vida espiritual, torna-se igualmente bom até na atualidade. A religião não é coisa fragmentária que possa ser servida em rações semanais ou diárias, como uma das várias matérias do plano de uma escola. A religião é a verdade de nosso ser completo, a consciência de nossa relação pessoal com o infinito; é o verdadeiro centro de gravidade de nossa vida. Podemos consegui-la durante nossa infância, vivendo diariamente em um lugar onde a verdade do mundo espiritual não se desvanece, por efeito da aglomeração de objetos necessários que adquirem importância artificial; onde a vida seja simples e tenha tempo desocupado para o descanso, e amplitude e ar puro e a profunda paz da Natureza; onde os homens vivam com fé perfeita na vida eterna que têm diante de si mesmos.

Todavia, irão perguntar-me se consegui realizar meu ideal de instituição educativa. Minha resposta é que a consecução de nossos ideais mais arraigados não se mede facilmente por meio de normas exteriores. Sua ação não é perceptível imediatamente pelos resultados. Em nosso *ashram* admitimos inteiramente as desigualdades e a variedade da vida humana. Nunca pretendemos conseguir essa espécie de uniformidade exterior, descartando tudo o que há de diferença na Natureza e educando praticamente nossos alunos. Alguns de nós pertencemos à seita *Brahma Samaj* e vários outros a diferentes seitas do hinduísmo; alguns outros são cristãos. Como nada temos a ver com os credos e dogmas do sectarismo, essa heterogeneidade de nossas crenças religiosas não nos acarreta dificuldade alguma. Reconheço, igualmente, que o sentimento de respeito que inspira o ideal deste lugar e da vida que levamos varia grandemente em profundidade e veemência entre aqueles que reunimos neste *ashram*. Compreendo que nossa aspiração a uma vida mais elevada não se elevou muito sobre nossa cobiça de bens terrenos e de fama. No entanto, estou perfeitamente convencido, e as provas disso são numerosas, de que o ideal do *ashram* vai cada vez mais fincando suas raízes dentro de nossa natureza. As cordas de nossa vida vão afinando-se para produzir as notas espirituais mais puras, sem que sequer nos demos conta disso. Não importa qual tenha sido o motivo original de nossa vinda para cá; em todos os nossos clamores de discórdia ressoa sem cessar a chamada de *shantam, shivam, advaitam*: "Aquele que é todo Paz, Aquele que é todo Bem, O Único". O céu aqui parece sonoro da voz do infinito, e tanto a paz de seu amanhecer como a quietude de sua noite enchem-se de eloquência com essa voz, e nos brancos cachos de flores de *shiuli* no outono e de *malati* no verão, envia-nos a mensagem de sua consagração própria na beleza perfeita do culto.

Para os que não são indianos, torna-se difícil perceber as associações de ideias que se agrupam em torno da palavra *ashram* – o santuário do bosque –, tal como floresceu na Índia, da mesma forma que seu próprio lótus, sob um céu generoso de luz de sol e de esplendor de estrelas. O clima da Índia convida-nos ao ar livre; a linguagem de seus rios caudalosos é como um solene cântico; a ilimitada extensão de suas planícies rodeia nossos lares com o silêncio do mundo que se encontra mais além; o sol surge do confim da terra verde, como uma oferta do invisível para o altar do Desconhecido, e se põe no Oeste, ao terminar o dia, qual cerimônia esplendorosa, em que a Natureza saúda o Eterno.

Na Índia, a sombra das árvores é hospitaleira; a terra estende a nós seus braços trigueiros; o ar nos abriga com a tepidez de suas ondas. São fatos invariáveis e sempre sugestivos para nosso ânimo. Sentimos que a missão da Índia consiste em realizar a verdade da alma humana na Alma Suprema, por meio de sua união com a

MEDITAÇÕES

alma do mundo. Essa missão, que já havia tomado sua forma natural nas escolas da selva nos tempos remotos, ainda nos move com urgência a buscar a visão do infinito em todas as formas da criação, nas relações humanas de amor; a senti-la no ar que respiramos, na luz para a qual abrimos os olhos, na água em que nos banhamos, na terra em que vivemos e morremos. Por aquilo que bem sei – e sei disso por experiência própria – os alunos e os professores que se reuniram neste *ashram* vão progredindo a cada dia para a emancipação de sua mente dentro da consciência do infinito, não por meio de algum processo de ensinamento ou de disciplina exterior, mas com o auxílio de uma atmosfera invisível de aspiração que circunda o lugar, e pela memória de uma alma devota que viveu aqui em íntima comunhão com Deus.

Oxalá eu tenha podido explicar como aquele propósito consciente, que me induziu a fundar minha escola no *ashram*, foi perdendo sua independência e se desenvolveu até chegar a se unificar com o desígnio que reina em nossa moradia. Em uma palavra, minha obra encontrou sua alma no espírito do *ashram*; mas essa alma tem sua forma exterior, que é seu aspecto de escola. No sistema de ensinamento dessa escola vim procurando, ano após ano, levar a cabo minha teoria sobre educação, baseada em meu conhecimento prático da psicologia infantil.

Conforme antes sugeri, acredito que nas crianças a mente subconsciente é mais ativa que sua inteligência consciente. A maior parte dos mais valiosos conhecimentos que adquirimos nos foi ensinada por meio dela. A experiência de incontáveis gerações penetrou em nossa natureza através dela, não só sem nos causar qualquer fadiga, mas nos proporcionando grande deleite. Essa faculdade subconsciente de conhecer está totalmente compenetrada com nossa vida. Ela não é como uma lanterna que pode ser acesa e graduada a partir do exterior, mas como a luz que o vaga-lume possui pelo próprio exercício de seu processo vital.

    Para minha felicidade, fui educado no seio de uma família em que a literatura, a música e a arte tornaram-se instintivas. Meus irmãos e meus primos viviam em absoluta liberdade intelectual e quase todos eles possuíam faculdades artísticas naturais. Nutrido nesse ambiente, bem cedo comecei a pensar, a sonhar e a dar expressão a meus pensamentos. No que se refere aos ideais religiosos e sociais, nossa família estava livre de qualquer convencionalismo. A esse respeito, vivíamos como que em uma espécie de ostracismo, afastados da sociedade por nos termos separado das crenças e dos costumes ortodoxos. Nossa liberdade mental nada tinha a temer, e fizemos experiências em todos os ramos da vida. Essa foi a educação que recebi em meus primeiros anos: liberdade e alegria no exercício de minhas faculdades intelectuais e artísticas. E, como isso fez com que minha mente estivesse muito pronta para crescer em seu ambiente natural de nutrição, o sistema escolar opressivo tornou-se extremamente intolerável para mim.

    Essa foi, em minha precoce idade, a única experiência que iria ajudar-me ao começar com minha escola. Tive a segurança de que o que mais necessitava não era um método normal de ensino, e sim um ambiente de cultura. Para minha boa sorte, Satish Chandra Roy, jovem estudante que prometia muito e se preparava para receber seu grau de bacharel em artes, sentiu-se atraído por minha escola e dedicou sua vida a realizar minha ideia. Ele contava apenas com dezenove anos de idade, mas possuía uma alma maravilhosa, sempre imersa no mundo das ideias, sempre disposta a responder a tudo o que era belo e grande no reino da Natureza e da mente humana.

    Satish Chandra Roy era poeta e, de certo modo, teria ocupado o lugar que lhe corresponderia entre os imortais da literatura

MEDITAÇÕES

mundial, caso sua existência não tivesse falido, pois ele morreu quando contava com apenas vinte anos, de modo que prestou seus serviços a nossa escola nada mais que pelo curto período de um ano. A seu lado as crianças jamais sentiram que estavam confinadas dentro dos estreitos limites de uma sala de aula; parecia que dali tivessem acesso a todas as partes. Iam com ele à selva quando, na primavera, as figueiras-de-bengala floresciam, e ele lhes recitava seus poemas favoritos, ébrio de entusiasmo. Costumava ler para elas Shakespeare e até Browning, porque era grande admirador deste, explicando-lhes em bengali o que lia com aquela sua maravilhosa faculdade de expressão. Jamais desconfiava da compreensão dos meninos; falava e lia para eles qualquer tema que interessasse a ele próprio. Sabia muito bem que não era necessário que os meninos entendessem de modo literal e exato, mas que suas mentes despertassem e, por isso, sempre obteve grande proveito. Não era, como outros professores, um simples transmissor das obras de texto. Dava um caráter pessoal a elas e, portanto, elas se transformavam em coisa viva, facilmente assimilável pela natureza humana viva. A verdadeira razão de seu êxito foi seu intenso interesse pela vida, pelas ideias, por tudo o que o rodeava, pelos meninos que estavam em contato com ele. Recebia sua inspiração, não por meio dos livros, mas pela comunicação direta de sua mente sensitiva com o mundo. As estações do ano tinham nele o mesmo efeito que nas plantas. Parecia que sentira em seu sangue a mensagem invisível da Natureza, que em todo momento cruza o espaço e flutua no ambiente, e brilha no céu, e estremece nas raízes da grama debaixo da terra. A literatura que ele estudava não tinha em absoluto odor de biblioteca. Ele teve a faculdade de ver as ideias que se lhe apresentavam assim como via seus amigos, com toda a clareza da forma e a sutileza da vida.

Foi, portanto, grande sorte para os meninos de nossa escola receber as lições de um mestre cheio de vida, em vez de tomá-las dos textos. Acaso os livros não se interpuseram entre nós e o mundo, assim como a maioria das coisas que nos são necessárias? Adquirimos o costume de cobrir as grandes janelas de nossa mente com as páginas dos livros, e uma capa de frases estereotipadas envolve a epiderme de nossa inteligência, isolando-a de qualquer contato direto com a verdade. Todo um mundo de verdades livrescas se uniu como grande fortaleza circundada de muralhas, na qual buscamos abrigo, livres de todo contato com a criação de Deus. Seria loucura menosprezar as vantagens do livro, sem dúvida; mas, ao mesmo tempo, devemos reconhecer que ele tem suas limitações e seus perigos. De qualquer modo, durante a primeira etapa de sua educação, as crianças deveriam receber sua lição de verdades por meio de um processo natural, diretamente das pessoas e das coisas.

Convencido disso, dediquei todos os meus recursos a criar no *ashram* um ambiente de ideias. Nele se compõem cantos que não são especiais para mentes juvenis. São os cantos que o poeta escreve para seu próprio deleite. A maior parte dos poemas de meu *Gitanjali* foi escrita ali. Esses cantos, ainda frescos de seu recente florescimento, são ensinados aos meninos, que os aprendem em grupos. Eles os entoam em suas horas de recreio, sentados em rodinhas, sob o céu espaçoso nas noites de luar, ou debaixo do teto, quando a chuva de julho ameaça. Ali eu produzi minhas comédias dos últimos tempos, e os alunos tomaram parte em sua representação. Foram escritos dramas líricos para suas festas nas estações. Eles têm entrada livre ao salão em que leio para os professores as coisas novas que escrevo, em prosa ou em verso, não importa qual seja o tema. E servem-se disso, sem que sejam de modo algum obrigados, e até se sentem ofendidos quando não são convidados. Algumas semanas antes de eu sair da Índia, li para eles o drama *Luria*, de Browning, traduzindo-o para o bengali enquanto lia. Precisei de duas noites para terminá-lo; contudo, no segundo dia havia tanta concorrência como no primeiro. Aqueles que viram esses meninos desempenharem seu papel nas representações dramáticas ficaram impressionados por suas maravilhosas faculdades cênicas. Isso se deve ao fato de que eles jamais são educados diretamente na arte dramática. Eles penetram de modo instintivo no espírito das comédias que representam, embora estas não sejam simples obras escolares. Para isso eles necessitam de compreensão sutil e grande simpatia. Com toda a ansiedade e a hiperestesia crítica de um autor em relação à representação de sua própria obra, nunca me deixaram descontente meus meninos, e raramente permiti que os professores fizessem intervenções na interpretação que os alunos fazem dos personagens. Com muita frequência, eles próprios escrevem comédias ou as improvisam, e nós assistimos, como convidados, à função. Eles celebram assembleias de suas associações literárias e têm pelo menos três magazines ilustrados, dirigidos pelos departamentos da escola; o mais interessante deles é o infantil. Bom número de nossos alunos demonstrou possuir notáveis dons para desenhar e pintar, desenvolvidos não pelo método ortodoxo de copiar modelos, mas seguindo sua própria inclinação e com auxílio das visitas que de vez em quando alguns artistas nos fazem para inspirar os meninos com sua própria obra.

Quando comecei com minha escola, meus alunos não davam mostras de gostar da música. Por conseguinte, no princípio não tive professor da matéria nem obriguei os meninos a receberem lições. Limitei-me a procurar ocasiões para que aqueles de nós que possuíam o dom respectivo exercitassem sua cultura musical. Isso produziu a educação prática inconsciente do ouvido dos meninos e quando, pouco a pouco, a maioria deles foi mostrando uma decidida inclinação e amor pela música, percebi que já desejavam submeter-se a um ensinamento formal, e então lhes proporcionei um professor.

Em nossa escola os alunos levantam-se muito cedo, às vezes antes de o dia raiar. Põem-se a tirar água para seu banho. Arrumam sua cama. Realizam todas as tarefas que têm como objetivo neles cultivar o costume de se bastarem a si mesmos.

Eu tenho fé na meditação, e lhe dedico quinze minutos da manhã e quinze minutos da tarde. Insisto em que se pratique esse período de meditação, sem esperar, no entanto, que os meninos tenham de se comportar como hipócritas para fazer crer que estejam meditando. Mas insisto em que permaneçam quietos, que exercitem sua faculdade de autodomínio, ainda que, em vez de contemplar a Deus, se ponham a observar os esquilos que correm pelas árvores.

Qualquer descrição que se faça de uma escola como essa se tornará necessariamente imperfeita, porque o elemento mais importante da instituição é seu ambiente, assim como o fato de que não é uma escola que se imponha aos meninos com chefes autocráticos. Procuro sempre que se grave em sua mente que a escola é seu próprio mundo, no qual sua vida deve reagir plena e livremente. Eles intervêm na administração do colégio e, quanto a castigos, em geral nos atemos ao tribunal de justiça, constituído pelos próprios alunos.

Finalmente, previno meus leitores para que não formem uma impressão falsa ou exagerada deste *ashram*. As ideias no papel parecem demasiado simples e completas; na realidade, porém, sua manifestação por meio de coisas que são vivas e variadas e sempre em mutação, não é tão clara nem perfeita. Tropeçamos com obstáculos na natureza humana e nas circunstâncias exteriores. Alguns de nós têm pouca fé na mente das crianças como organismos vivos, e outros são abundantes na propensão natural de fazer o bem pela força. Por outro lado, as crianças têm diferentes graus de receptividade, e há um grande número de inevitáveis fracassos. A inclinação à delinquência aparece quando menos se espera, fazendo-nos duvidar da eficácia de nossos próprios ideais. Atravessamos obscuros períodos de dúvida e de reação. Esses conflitos e flutuações, porém, são próprios dos aspectos verdadeiros da realidade. Não é possível submeter os ideais vivos a um ajuste de máquina de relojoaria, que dê conta exata de cada segundo. E aqueles que possuem fé em suas ideias têm de provar sua verdade em discordâncias e fracassos que seguramente sobrevirão, tentando-os a abandonar seu caminho.

De minha parte, creio no princípio da vida e na alma do homem, mais que nos métodos. Penso que o objetivo da educação é libertar a mente, e isso pode ser conseguido apenas pela senda da própria liberdade, embora esta ofereça perigos e implique responsabilidades como a vida inteira. Sei com certeza, embora muitas pessoas pareçam tê-lo esquecido, que as crianças são seres vivos, mais vivos que os seres de maior idade que construíram em torno de si a dura carapaça dos costumes. De modo que é absolutamente necessário para sua saúde e desenvolvimento mentais não ter simples escolas para seu ensinamento, mas um mundo cujo espírito dirigente seja o amor pessoal. Tem de ser um *ashram*, em que os homens se tenham unido para alcançar o fim mais elevado da vida dentro da paz da Natureza; em que a existência não seja apenas meditativa, e sim que esteja totalmente desperta em suas atividades; em que a mente das crianças não seja induzida perpetuamente a crer que o ideal da autoidolatria da nação é o ideal mais verdadeiro que devam aceitar; em que se lhes peça que concebam o mundo do homem como o Reino de Deus, a cuja cidadania devem aspirar; em que o nascer e o pôr do sol e a calada glória dos astros não passem diariamente despercebidos; em que a festa das flores e dos frutos da Natureza recebam do homem a devida atenção jubilosa, e em que jovens e anciãos, alunos e mestres, sentem-se à mesma mesa para participar do pão cotidiano e do alimento da vida eterna.

3
A PERSONALIDADE

A noite é como um obscuro infante, recém-nascido de sua mãe, o dia. Milhões de estrelas o observam, imóveis, em torno de seu berço, temerosas de despertá-lo.

Estou disposto a prosseguir nesse tom; mas a Ciência me interrompe, rindo-se de mim. A Ciência opõe-se a que eu diga que as estrelas estão imóveis.

Se isso for um erro, porém, não é a mim a quem toca desculpar-se, e sim às próprias estrelas. É absolutamente evidente que elas estão imóveis, fato impossível de destruir com argumentos.

A Ciência, porém, discutirá. É costume dela. E dirá: "Quando vocês pensam que as estrelas estão quietas, isso prova tão somente que vocês se encontram demasiadamente longe delas".

Eu, porém, estou pronto para replicar que, quando vocês dizem que as estrelas estão girando pressurosas, isso prova apenas que vocês se encontram demasiadamente perto delas.

A Ciência se assombra com minha temeridade.

Com toda a obstinação, porém, eu me aferro a minha ideia e digo que, se a Ciência é livre para se colocar em favor do que está perto e contra o que está longe, ela não pode me culpar porque afirmo o contrário e ponho em dúvida a veracidade da proximidade pelo simples fato de estar perto.

RABINDRANATH TAGORE

A Ciência assegura com toda a firmeza que o que se vê de perto é mais verdadeiro.

Eu, porém, duvido que ela seja consequente com suas opiniões. Com efeito, quando eu estava seguro de que a terra em que piso era plana, a Ciência me corrigiu, dizendo que o que se vê de perto não se vê exatamente como é: que, para chegar à verdade completa, é necessário vê-la a partir de certa distância.

Estou disposto a concordar com ela. De fato, acaso não sabemos que a visão demasiado próxima de nós se torna egoísta, uma visão plana e parcial; ao passo que, se nos virmos em outros seres, perceberemos que a verdade a nosso respeito é completa e sem interrupção em sua linha?

Pois bem. Se a Ciência tiver alguma fé no conveniente que é ver à distância, então deverá abandonar sua superstição a respeito da mobilidade das estrelas. Nós, filhos da terra, nos reunimos em nossa escola noturna para ter uma visão conjunta do universo. Nosso grande mestre sabe que a visão completa do universo é demasiado forte para nossos olhos, assim como a do sol ao meio-dia. Convém que o vejamos com um vidro enfumaçado. A bondosa Natureza pôs diante de nossos olhos o vidro enfumaçado da noite e da distância. E o que vemos através dele? Vemos que o mundo das estrelas está quieto. Porque vemos as estrelas na relação que elas têm entre si e, a nossos olhos, elas parecem colares de diamantes que pendem do colo de algum deus do silêncio. A Astronomia, porém, como um curioso moleque, arranca-lhe uma estrela do colar, e então descobrimos que essa estrela está girando.

O difícil é decidir em quem devemos confiar. A evidência de que existe o mundo das estrelas é patente. Vocês não precisam mais que levantar os olhos e vê-las, para nelas crer. Elas não

MEDITAÇÕES

apresentam a vocês argumentos complicados e, a meu ver, essa é a prova mais segura de sua seriedade. Também não morrem de dor se vocês se negarem a nelas crer. Todavia, quando alguma dessas estrelas, sozinha, desce da plataforma do universo e timidamente sussurra informações ao ouvido do matemático, percebemos que a questão muda totalmente de aspecto.

Convenhamos, portanto, em que ambos os fatos a respeito das estrelas estão igualmente certos. Digamos que elas são imóveis no plano do distante e que se movem no plano do próximo. As estrelas, em sua relação única comigo, estão na verdade quietas, e em suas demais relações estão na verdade se movendo. A distância e a proximidade são os guardas dessas duas diferentes séries de fatos, mas pertencem a uma verdade única. Por conseguinte, quando nos pomos do lado de uma dessas duas coisas, com menosprezo da outra, danificamos a verdade, que compreende as duas.

A respeito dessa verdade o sábio indiano diz: "Ela se move. Ela não se move. Ela está longe. Ela está perto".

O significado é que, quando seguimos a verdade em suas partes próximas, nós a vemos se mover. Quando conhecemos a verdade no conjunto, o que é conseguido, vendo-a à distância, ela permanece imóvel. Ao ler um livro, capítulo por capítulo, o livro avança; mas, quando já conhecemos toda a obra, então percebemos que o livro está quieto e mantém unidos todos os capítulos, com as fortes relações que eles mantêm entre si.

Há um ponto em que todas as contradições harmonizam-se no seio do mistério da existência; onde o movimento não é totalmente movimento nem a quietude totalmente quietude; onde a ideia e a forma, o interior e o exterior, unem-se; onde o infinito se torna finito sem perder, apesar disso, sua infinitude. Se essa união for desfeita, então as coisas se tornam irreais.

RABINDRANATH TAGORE

Quando vejo uma pétala de rosa com o microscópio, eu a vejo em um espaço mais dilatado do que ela realmente ocupa. À medida que aumento mais o espaço, a pétala se torna mais vaga, porque, no infinito puro, ela não é nem pétala de rosa nem qualquer outra coisa. Ela só se transforma em pétala de rosa quando o infinito se liga com o finito em um ponto dado. Quando nos afastamos desse ponto, para o pequeno ou para o grande, a pétala começa a perder sua realidade.

O mesmo acontece em relação ao tempo. Se, por determinada magia, eu pudesse permanecer em meu plano de tempo normal e aumentar a velocidade do tempo em relação à pétala de rosa, condensando, digamos, um mês em um minuto, então a flor passaria do ponto de sua aparição primeira ao de seu desaparecimento final, com tal rapidez que eu mal poderia vê-la. Existem no mundo coisas que são conhecidas por outras criaturas e que, em troca, nós não conhecemos, porque seu tempo não é sincrônico com o nosso. O fenômeno que um cão percebe como odor não se ajusta ao ritmo de nossos nervos e, portanto, permanece fora de nosso mundo.

Ouvimos falar, por exemplo, de seres que são verdadeiros prodígios de habilidade matemática e que podem fazer somas difíceis em um espaço de tempo incrivelmente curto. Quanto a cálculos aritméticos, a mente dessas pessoas está funcionando em um plano de tempo não só diferente do nosso, mas diferente do plano próprio delas em outras esferas de sua vida. Como se a parte matemática de sua mente vivesse em um cometa, ao passo que outras partes fossem habitantes desta terra. De modo que o processo que sua mente percorre para chegar ao resultado não só é imperceptível para nós, mas também o é para eles próprios.

MEDITAÇÕES

É sabido que em nossos sonhos os acontecimentos costumam desenvolver-se em uma medida de tempo diferente da de nossa parte consciente em estado de vigília. Cinquenta minutos da clepsidra no mundo do sonho podem ser representados por cinco minutos de nosso relógio. Se, a partir da superioridade de nosso tempo, quando estamos despertos, pudéssemos observar esses sonhos, eles passariam diante de nós com a velocidade de um trem expresso. E se, a partir da janela de nossos sonhos de voo rápido, pudéssemos observar o mundo mais lento de nossa consciência desperta, ele pareceria afastar-se de nós com grande velocidade. Na realidade, se os pensamentos que se agitam na mente de outras pessoas se tornassem visíveis para nós, nossa percepção desses pensamentos seria diferente em relação à delas, por causa da diferença do tempo de nossas mentes. Se pudéssemos ajustar nosso foco de tempo conforme nossos caprichos, veríamos as cataratas imóveis e o bosque de pinheiros movendo-se muito velozmente, como a queda de um Niágara verde.

Aqui, portanto, torna-se uma verdade quase incontestável dizer que o mundo é tal qual o percebemos. Imaginamos que nossa mente é um espelho que está copiando com mais ou menos exatidão o que vai acontecendo fora de nós. No entanto, e totalmente ao contrário, nossa própria mente é elemento principal de criação. O mundo, enquanto eu o percebo, está sendo continuamente criado por mim mesmo no tempo e no espaço.

A variedade da criação deve-se a que a mente vê fenômenos diversos em diferentes focos de espaço e de tempo. Quando contempla as estrelas dentro de um espaço que poderia se chamar metaforicamente de compacto, ela as encontra juntas e sem movimento. Quando vê os planetas, em uma densidade de céu muito menor, então eles lhe parecem separados e em movimento.

Se tivéssemos a visão necessária para distinguir as moléculas de um pedaço de ferro em um espaço muito diferente, poderíamos vê-las se movendo. Contudo, como vemos as coisas em diversos ajustes de tempo e de espaço, o ferro é ferro e a água é água e as nuvens são nuvens para nós.

É um fato psicológico bem conhecido que, com certo ajuste de nossa atitude mental, as coisas parecem mudar suas propriedades, e os objetos que eram prazerosos se tornam dolorosos para nós, e vice-versa. Em certos estados de exultação da mente, alguns homens recorrem à mortificação da carne para desfrutar de um prazer. Os casos de martírio extremo nos parecem sobre-humanos, porque a atitude mental, sob cuja influência eles são possíveis e até desejáveis, é desconhecida para nós. Na Índia foram observados casos de indivíduos que andam sobre o fogo, fenômeno que ainda está por ser cientificamente investigado. Pode haver diferenças de opinião a respeito do grau de eficácia da cura por meio da fé, na qual se vê a influência da mente sobre a matéria; a verdade disso, porém, foi aceita e utilizada pelos homens desde tempos muito remotos na história. Os métodos de nossa educação moral foram baseados no fato de que, mudando nosso foco mental, nossa perspectiva, o mundo inteiro muda e se transforma em uma criação diferente, sob certos aspectos, com o valor das coisas modificado. Desse modo, o que parece valioso para um homem quando ele é mau, torna-se coisa sem qualquer valor quando ele é bom.

Walt Whitman ostenta grande habilidade em seus poemas ao mudar o plano de sua mente e, com isso, o de seu mundo, afastando-se de outras pessoas, readaptando o significado das coisas dentro de diferentes formas e proporções. Essa mobilidade intelectual transtorna coisas cujo fundamento encontra-se fixo nas convenções. Em um de seus poemas, ele diz:

MEDITAÇÕES

Ouço que me acusam de pretender destruir as instituições
Na realidade, porém, não estou a favor nem contra as instituições.
Na verdade, o que tenho eu em comum com elas ou com sua destruição?
O que é certo é que eu quero estabelecer em ti, Mannahatta, e em toda cidade destes Estados, no interior e nas costas, e nos campos e nos bosques, e em todo barco, grande ou pequeno, que sulca a água, sem edifícios, sem regras, sem administradores e sem argumento algum, esta instituição do grato amor de camaradas.

Vemos, pois, que certas instituições edificadas de forma tão regular, tão sólidas e maciças, tornam-se como fumaça no mundo desse poeta. É como um mundo de raios *Roentgen*, para os quais algumas das coisas sólidas da terra não existem. Em troca, o amor de camaradas, que é uma coisa fluida no mundo ordinário, que parece nuvem que passa e torna a passar pelo céu sem deixar rastro de sua passagem, no mundo do poeta é mais firme que todas as instituições. Aqui ele vê as coisas em um tempo em que as montanhas passam como sombras, ao passo que as nuvens, com sua aparente brevidade, tornam-se eternas. Walt Whitman percebe em seu mundo que esse amor de camaradas, como as nuvens que não requerem alicerces sólidos, é firme e verdadeiro e se estabelece sem edifícios, ou regras, ou administradores, ou argumentos.

Quando a mente de uma pessoa como Walt Whitman move-se em um tempo diferente da dos demais, seu mundo não se transforma necessariamente em ruínas pelo efeito do deslocamento, porque no centro de seu mundo reside sua própria personalidade.

Todos os fatos e as formas desse mundo relacionam-se com esse poder criador central e, portanto, espontaneamente, estabelecem relações entre si. Seu mundo pode ser como um cometa entre estrelas, diferente de outros em seus movimentos, mas tem sua consistência própria por meio da força pessoal cêntrica. Pode ser um mundo audaz, pode até ser um mundo louco, com uma órbita imensa, varrida por sua cauda excêntrica, o que não o impede de ser um mundo real e verdadeiro.

Com a Ciência a questão é muito diferente, porque a Ciência trata de absolutamente não fazer caso dessa personalidade central, em relação à qual o mundo é um mundo. A Ciência fixa uma norma impessoal e inalterável de espaço e de tempo que não é a norma da criação. Portanto, com seu fatal contato, a realidade do mundo perturba-se tão irremediavelmente que se desvanece em uma abstração, em que as coisas transformam-se em nada. Porque o mundo não é átomos e moléculas, nem radioatividade nem outras forças; o diamante não é carbono, nem a luz uma vibração do éter. Jamais atingiremos a realidade da criação, caso a contemplemos a partir do ponto de vista da destruição. Não só o mundo, mas o próprio Deus se vê afastado da realidade pela Ciência, que o submete à análise no laboratório da razão, fora de nossas relações pessoais. E depois diz que o resultado de sua análise é o desconhecido e o incognoscível. Torna-se mera tautologia dizer que Deus é incognoscível quando deixamos de recorrer à pessoa que pode conhecê-lo e que o conhece. É o mesmo que dizer que o alimento não é comestível quando a pessoa que costuma comê-lo acha-se ausente. Nossos secos moralistas valem-se dos mesmos ardis para afastar nossos corações dos objetos desejados. Em vez de criar para nós um mundo em que as ideias morais encontrem seu lugar natural dentro da beleza, eles

MEDITAÇÕES

começam destruindo o mundo que nós próprios construímos, e que é "nosso mundo", apesar de suas imperfeições. Colocam máximas morais nas quais deveria estar a personalidade humana, e nos apresentam o espetáculo das coisas em sua dissolução, a fim de provar que, por trás de sua aparência, há miseráveis enganos. Quando despojamos a verdade de sua aparência, ela perde a melhor parte de sua realidade. Porque a aparência é uma relação pessoal: ela existe para mim. Dessa aparência, que parece ser coisa superficial, mas que leva em si a mensagem do espírito íntimo, diz o poeta:

> *Ao iniciar meus estudos, o primeiro passo me agradou muito:*
> *o fato simples, a consciência – estas formas –, o poder do movimento,*
> *o menor inseto ou animal – os sentidos –, a visão – o amor.*
> *O primeiro passo, repito, me assombrou e me agradou muito.*
> *Se, com sacrifício, cheguei, nem desejei chegar, mais adiante;*
> *preferi me deter e vagar a todo o momento, extasiado,*
> *exalando meus poemas.*

O mundo científico é o mundo de nossa razão. Ele tem grandeza e utilidade e atratividade. Estamos dispostos a prestar-lhe a homenagem que lhe é devida. Todavia, quando ele pretende ter descoberto para nós o mundo real e ri dos mundos que os homens de alma simples constroem, então devemos dizer que ele nos parece um general que, embriagado de ambição, usurpa o trono de seu rei. Com efeito, a realidade do mundo pertence à personalidade do homem e não ao raciocínio, que é útil e grande, mas não é o próprio homem.

RABINDRANATH TAGORE

Se pudéssemos saber plenamente quais trechos de música havia na mente de Beethoven, poderíamos transformar-nos em seus iguais. Todavia, como não nos é dado captar seu mistério, podemos desconfiar totalmente do elemento da personalidade de Beethoven que há em sua *Sonata*, embora percebamos exatamente que seu verdadeiro valor está na faculdade que ela tem de tocar o fundo de nossa própria personalidade. É mais simples, no entanto, estudar os fatos quando se executa a *Sonata* no piano. Podemos contar as teclas brancas e as pretas, medir a longitude relativa dos acordes, a força, a velocidade e a ordem em que se sucede o movimento dos dedos, e afirmar triunfalmente que isso é a *Sonata* de Beethoven. Mais ainda: podemos predizer que a mesma *Sonata* se reproduzirá exatamente quando procurarmos repetir nossa experiência conforme essas observações. Familiarizando-nos desse modo com a *Sonata*, podemos esquecer que, tanto em sua origem como em seu objetivo, reside a personalidade do homem e que, por mais exatos e ordenados que possam ser os movimentos dos dedos e sua ação sobre as cordas, eles não abarcam a realidade última da música.

Assim é o jogo, enquanto houver um jogador que o jogue. Com efeito, existe uma regra do jogo que convém analisar e dominar. Contudo, se afirmássemos que nessa regra enraíza-se sua realidade, não poderíamos aceitá-lo. Pois o jogo é o que ele é para os jogadores. Ele muda seu aspecto conforme a personalidade daqueles que o jogam: para alguns, seu fim está na ânsia de ganhar; para outros, no aplauso; alguns encontram nele um meio de passar o tempo e outros de satisfazer seu instinto social. Há outros que vão a ele com a curiosidade desinteressada de estudar seus segredos. No entanto, em meio a seus múltiplos aspectos, suas regras permanecem sempre as mesmas. Porque a realidade é, por natureza, muito variada em sua unidade. E o mundo é para nós como esse jogo. Ele é ele próprio e, no entanto, não é igual para todos.

A Ciência trata, por exemplo, da lei da perspectiva e da combinação da cor, e não dos quadros. Os quadros são criações de uma personalidade e falam à personalidade de quem os contempla. A Ciência realiza sua função, eliminando do campo de sua investigação a personalidade criadora e atendendo apenas ao meio pelo qual a criação é produzida.

Qual meio é esse? É o meio do finito que o Ser Infinito põe diante de si, com a finalidade de produzir sua expressão própria. É o meio que representa as limitações que ele próprio se impôs: a lei do espaço e do tempo, da forma e do movimento. Essa lei é a Razão, que é universal: a Razão que dirige o rito sem fim da ideia criadora, manifestando-se perpetuamente em suas formas sempre cambiantes.

Nossas mentes individuais são as cordas que recolhem as vibrações rítmicas da inteligência universal e respondem em música de espaço e tempo. A qualidade, o número e o grau de elevação de nossas cordas mentais diferem, e sua afinação não chegou ainda a ser perfeita; mas sua lei é a mesma da mente universal, que é o instrumento da finitude, em que o Tangedor Eterno executa sua dança da criação.

Pelos instrumentos da mente de que dispomos, ocupamos também um lugar como criadores. Não só criamos arte e organizações sociais, mas também nossa natureza íntima e o que nos rodeia, cuja verdade depende de sua harmonia com a lei da mente universal. É claro que o que criamos não são mais que simples variações do grande tema do Deus do Universo. Quando produzimos discordâncias, elas devem terminar em uma harmonia ou no silêncio. Nossa liberdade como criadores encontra sua mais elevada satisfação em contribuir com sua própria voz ao concerto da música universal.

A Ciência sempre costuma mostrar certa apreensão em relação à sensatez do poeta. Ela resiste a admitir o paradoxo de que o infinito assume caráter de finitude.

Nada posso dizer em minha defesa, exceto que esse paradoxo é muito mais velho que eu. Ele está na raiz da existência. Ele é tão misterioso e, no entanto, tão simples, como o fato de que eu percebo a existência desta parede, o que é um milagre que jamais poderá ser explicado.

Permitam-me que eu me aproxime novamente do velho sábio indiano e ouça o que ele diz sobre a contradição entre o infinito e o finito. Eis as palavras dele:

> *Entram na região da obscuridade aqueles que apenas se ocupam do conhecimento do finito, e em uma região mais obscura ainda aqueles que apenas se ocupam do conhecimento do infinito.*

Aqueles que buscam o conhecimento do finito pelo próprio finito não podem encontrar a verdade. Porque ele é uma muralha morta, que obstrui o mais além. Esse conhecimento simplesmente se acumula, mas não ilumina. É como uma lâmpada sem luz ou um violino sem música. Vocês não podem conhecer um livro, medindo e pesando e contando suas páginas ou analisando seu papel. Um rato curioso pode roer a caixa de madeira de um piano; pode cortar todas as cordas e, no entanto, ele se encontrará cada vez mais distante da música. Essa é a busca do finito pelo próprio finito.

MEDITAÇÕES

Por outro lado, e conforme o Upanixade, a perseguição única do infinito conduz a uma obscuridade mais profunda. Porque o infinito absoluto é o vazio. O finito é algo. Pode ser como uma carteira de cheques sem que haja conta no banco. O infinito absoluto, porém, não é o depósito no banco, nem sequer uma carteira de cheques. Pode ser muito profunda a obscuridade mental do homem primitivo, que vive com a convicção de que cada maçã isolada cai no chão conforme certo capricho individual; isso em si, porém, não é nada, caso o comparemos com a cegueira daquele que vive meditando na lei da gravitação, sem maçã ou coisa alguma que caia.

Por isso, o Ichopanixade diz, no verso seguinte:

> *Quem sabe que o conhecimento do finito e do infinito está combinado em um só, atravessa a morte com o auxílio do conhecimento do finito e alcança a imortalidade com o auxílio do conhecimento do infinito.*

O infinito e o finito são um, da mesma forma que o canto e a ação de cantar. Esta é incompleta; por um contínuo processo de morte, ela deixa o canto, que é em si completo. O infinito absoluto é como uma música desprovida por completo de tom definido e, portanto, desprovida de sentido.

O eterno absoluto é a ausência total do tempo, o que carece de significado: é mera palavra. A realidade do eterno está naquilo que contiver em si mesmo todos os tempos.

Daí que o Upanixade nos diga:

> *Entram na região de obscuridade aqueles que vão à busca do transitório. Entram, porém, na região da maior obscuri-*

dade aqueles que correm atrás do eterno. Aquele que conhece o transitório e o eterno combinados atravessa os degraus da morte com o auxílio do transitório e chega à imortalidade com a ajuda do eterno.

Já vimos que as formas das coisas e de suas mutações não têm qualquer realidade absoluta. Sua verdade enraíza-se em nossa personalidade e nela é real e não abstrata. Vimos que uma montanha e uma catarata transformariam-se em outras coisas ou em nada para nós, caso o movimento de nossa mente mudasse sua noção do tempo e do espaço.

Vimos também que este nosso mundo de complexas relações não é arbitrário. Ele é individual e, no entanto, é universal. Meu mundo é meu, seu elemento é minha mente e, no entanto, não é totalmente dessemelhante do mundo de vocês. Por isso, não é dentro de mim que está contida essa realidade, e sim em uma personalidade infinita.

Quando colocamos no lugar disso uma lei, todo o mundo desmorona-se em abstrações; então são elementos e forças, íons e elétrons; ele perde sua aparência, seu sabor e a impressão que produz ao tato; o drama do mundo, com sua linguagem de beleza, emudece; cessa a música; o mecanismo do cenário parece o espectro de si mesmo na escuridão, uma inimaginável sombra do nada, que se levanta diante de nenhum expectador.

É muito a propósito que volto a citar Walt Whitman aqui:

> *Quando escutei o sábio astrônomo,*
> *quando diante de mim se estenderam as provas,*
> *os números, em colunas,*
> *e me indicaram os mapas e os diagramas, para somá-los,*
> *dividi-los e medi-los;*

MEDITAÇÕES

quando escutei, sentado, o astrônomo que,
com grande aplauso, desenvolvia na sala sua conferência,
quão prontamente me senti inexplicavelmente cansado
e doente!
Então eu me levantei e escapei, para vagar comigo mesmo,
na névoa mística da noite e, de vez em quando,
eu elevava os olhos em perfeito silêncio para as estrelas.

A ciência das estrelas pode ser explicada na sala de aula com diagramas; mas a poesia das estrelas está no silencioso encontro da alma com a alma, na confluência da luz com a sombra; onde o infinito imprime seu beijo na fronte do finito; onde podemos ouvir a música do Grande *Eu Sou*, debulhando-se do imenso órgão da criação, através de seus tubos incontáveis, em harmonias sem fim. É de evidência patente que o universo é movimento. (A palavra que damos em sânscrito ao mundo significa "aquele que se move".) Todas as suas formas são transitórias, mas este é apenas seu aspecto negativo. Através de todas as suas mudanças, seu encadeamento é eterno. Em um livro de contos, os parágrafos sucedem-se uns aos outros; mas o elemento positivo da obra está na relação que eles mantêm uns com os outros para formar o argumento. Essa relação revela um desígnio pessoal do autor, que estabelece sua harmonia com a personalidade do leitor. Se o livro fosse uma coleção de palavras soltas, sem movimento ou significado, então estaríamos no direito de dizer que ele era um produto do acaso e, nesse caso, não corresponderia à personalidade do leitor. Do mesmo modo, através de todas as suas mudanças, o mundo não é para nós a simples evasão de um fugitivo e, precisamente por causa de seus movimentos, ele nos revela algo que é eterno.

RABINDRANATH TAGORE

A forma é totalmente precisa para a revelação da ideia. Esta, porém, que é infinita, não pode ser expressa em formas absolutamente finitas. As formas, portanto, devem continuamente se mover e mudar; é necessário que elas morram para revelar o que não morre. A expressão como expressão tem de ser definida, o que só é possível em sua forma; mas, ao mesmo tempo, como expressão do infinito, ela tem de ser indefinida, o que só é possível atingir em seu movimento. Por conseguinte, quando o mundo toma forma, ele sempre a ultrapassa; ele corre descuidado para fora de si mesmo, a fim de proclamar que seu sentido é mais amplo que aquilo que o próprio mundo pode conter.

O moralista move tristemente a cabeça e diz que este mundo é totalmente vazio. Mas esse vazio não é vacuidade: a verdade está nesse próprio vazio. Se o mundo permanecesse quieto e se transformasse em objetivo final, então ele se tornaria um cárcere de fatos abandonados, que teriam perdido sua liberdade de verdade, a verdade que é infinita. De modo que o que o pensador moderno diz torna-se certo neste sentido: que a significação de todas as coisas enraíza-se no movimento, porque a significação não permanece totalmente nas próprias coisas, mas naquilo que é indicado pela superação de seus próprios limites. Isso é o que quer dizer o Upanixade, quando afirma que nem o transitório nem o eterno têm separadamente qualquer sentido. Quando eles são conhecidos em mútua harmonia, só então, com seu auxílio mútuo, atravessamos o transitório e chegamos à compreensão do imortal.

Como esse é o mundo da personalidade infinita, o objetivo de nossa vida consiste em estabelecer uma relação perfeita e pessoal com ele: tal é o ensinamento do Upanixade. E é o motivo de ele começar com o seguinte verso:

MEDITAÇÕES

Sabei que tudo o que se move neste inquieto mundo está contido na infinitude de Deus e alegrai-vos com aquilo a que Ele renuncia. Não desejeis outros bens.

Ou seja, temos de aprender que os movimentos deste mundo não são cegos, mas estão subordinados à vontade do Ser Supremo. O simples conhecimento da verdade é imperfeito, porque é impessoal. Mas a alegria é pessoal e o Deus de meu deleite tem movimento; ele é ativo; vive dando-se a si mesmo. Nesse ato de dar, o infinito assumiu o aspecto do finito; portanto, ele se tornou real e é nisso que posso nele alcançar minha bem-aventurança.

No crisol de nossa razão, o mundo das aparências se desvanece, e o chamamos de ilusão. Isso, porém, é a visão negativa. Em troca, nossa felicidade é positiva. Uma flor é um nada quando a analisamos, mas é positivamente uma flor quando nos alegramos com ela. Essa alegria é real, porque é pessoal. E a verdade perfeita somente nossa personalidade conhece de modo perfeito.

Por isso, o Upanixade disse:

A mente retrocede, confundida, e as palavras também. Mas aquele que concebe a bem-aventurança de Brahma nada teme.

Eis a tradução de outro versículo, em que o Ichopanixade trata dos aspectos passivo e ativo do infinito:

Aquele que não tem mancha nem corpo e que, portanto, não tem sofrimento corporal nem órgãos corporais de força, que não tem mistura nem contato com o mal, entra em todas as partes. Aquele que é poeta, o diretor da mente, o totalmente justo, aquele que nasceu em si mesmo, distribui aos anos sem fim o dom de sua perfeita realização.

Brahma, em suas qualidades negativas, está em repouso, ao passo que, em suas qualidades positivas, age sobre todos os tempos. Ele é o poeta; usa a mente à guisa de instrumento; revela a si mesmo dentro de alguns limites, revelação que provém do excesso de sua bem-aventurança e não de qualquer necessidade exterior. É ele, portanto, que pode satisfazer nossas necessidades durante infinitos anos, dando-se ele próprio.

Disso dimana nosso ideal. Renunciar. A verdade da vida é a perpétua renúncia. A perfeição disso é a perfeição de nossa existência. Temos de fazer desta vida um poema nosso em todas as suas expressões; ela deve ser um poema plenamente sugestivo de nossa alma, que é infinita, e não só de nossos bens que, em si, não possuem qualquer significação. A consciência do infinito que existe em nós torna-se evidente com o regozijo de nos darmos por causa de nossa própria abundância. E, então, nosso trabalho é o processo de nossa renúncia: ele é uno com nossa vida. É como o fluir de um rio, que é o próprio rio.

Vivamos. Desfrutemos da verdadeira alegria do viver, júbilo do poeta que se esvazia em seu poema. Expressemos nossa infinitude enquanto ela nos rodeia, nas obras que fizermos, nas coisas que usarmos, nos homens com os quais nos encontrarmos ao fruir o mundo de que vivemos rodeados. Que nossa alma invada o meio ambiente e se creia a si mesma em todas as coisas e mostre sua plenitude, esgotando necessidades de todos os tempos. Esta nossa vida transborda com os dons do divino doador. As estrelas a cantaram; abençoaram-na as cotidianas bênçãos da luz matinal; os frutos amadureceram para ela, e a terra estendeu seu tapete de

MEDITAÇÕES

grama para que ela repouse. Deixem que, como um instrumento, irrompa a música de sua alma, respondendo ao contato com a alma infinita.

Eis por que o poeta do Ichopanixade nos diz:

Fazendo obras neste mundo, deverias desejar viver cem anos. Isso cabe a ti e não outra coisa. Que o trabalho do homem não não o consuma.

Apenas vivendo plenamente a vida vocês poderão superá-la. Quando o fruto consumiu todo o seu processo: absorver o suco do ramo, dançar, movido pelo vento, e amadurecer ao sol, ele sente em seu coração o chamado do mais além e se dispõe para a carreira de uma vida mais ampla. Todavia, a sabedoria do viver está naquilo que dá a vocês força para a ele renunciar. Porque a morte é o pórtico da imortalidade. Por esse motivo se diz:

Faze tua obra, mas não permitas que teu trabalho te consuma.

Porque o trabalho expressa a vida de vocês enquanto flui com ela; porém, quando ele prende a vocês, ele entorpece a vida e não a revela, mas mostra-se a si mesmo. Então, como as areias arrastadas pelo arroio, ele obstrui a corrente da alma. A atividade dos membros é coisa natural na vida física; mas, quando os membros movem-se em convulsões, então os movimentos não mantêm harmonia com a vida e constituem uma enfermidade, assim como os trabalhos que subjugam um homem e matam sua alma.

Não, não devemos sacrificar nossa alma. Não devemos esquecer que a vida está aqui para expressar o eterno que existe em nós. Se afogarmos nossa consciência do infinito, então, como o fruto cuja semente morreu, retornamos à treva primordial do reino daquilo que não foi formado. A vida é criação perpétua; ela alcança sua verdade quando se supera a si mesma no infinito. Contudo, quando ela se detém, e acumula, e se volta para si mesma, quando perdeu sua visão do mais além, então ela deve morrer. Então ela é expulsa do mundo do desenvolvimento e, com seus montões de bens, ela se desmorona no pó da dissolução. A eles se refere o Upanixade, quando diz:

> *Aqueles que matam sua alma passam daqui para as trevas do mundo sem sol.*

A pergunta "O que é essa alma?" foi assim respondida pelo Upanixade:

> *Ela é una e, embora não se mova, é mais veloz que a mente; os órgãos dos sentidos não podem alcançá-la; enquanto está parada, ela se adianta às coisas que correm; nela a inspiração vital mantém as forças fluidas da vida.*

A mente tem suas limitações; os órgãos dos sentidos estão diversamente ocupados com as coisas que têm diante de si; há, porém, um espírito de unidade dentro de nós que vai mais além dos pensamentos de sua mente, dos movimentos de seus órgãos corporais e que traz consigo toda a eternidade em seu momento atual; sua presença é a causa de que a inspiração vital esteja continuamente impelindo para frente as forças da vida. Por percebermos esse Uno que existe em nós, e que é maior que tudo o que lhe pertence, que sobrevive à morte de seus instantes, não podemos crer que ele possa morrer. Por ser uno, por ser mais que

MEDITAÇÕES

suas partes, por ser uma sobrevivência contínua, um derramar-se perpétuo, nós o sentimos mais além das fronteiras da morte.

Essa consciência da unidade mais além de todos os limites é a consciência da alma. E dessa alma disse o Upanixade:

> *Ela se move. Ela não se move. Ela está no distante. Ela está no i-mediato. Ela está dentro de tudo. Ela está fora de tudo.*

Isso é conhecer a alma através das fronteiras do próximo e do remoto, do interior e do exterior. Conheci essa maravilha das maravilhas, esse Uno em mim mesmo, que é para mim o centro de toda a realidade. Não posso, contudo, deter-me aqui. Não posso dizer que ele excede todos os limites e, ao mesmo tempo, está limitado por si mesmo.

O Upanixade diz também:

> *Aquele que vê todas as coisas na alma e a alma em todas as coisas nunca mais está oculto.*

Vivemos ocultos em nós mesmos, como uma verdade que se esconde em fatos isolados. Quando aprendemos que esse Uno que está em nós é o Uno que está em tudo, então nossa verdade se revela.

Mas esse conhecimento da unidade da alma não deve ser uma abstração. Não é essa espécie negativa de universalismo que não pertence nem a um nem ao outro. Não é uma alma abstrata, mas minha própria alma que devo perceber nos outros. Devo saber que, se minha alma fosse unicamente minha, então ela não poderia ser certa, uma vez que, se não fosse intimamente minha, ela não seria real.

RABINDRANATH TAGORE

Com o auxílio da lógica jamais poderíamos ter chegado à verdade de que a alma, que é o princípio unificador que existe em mim, encontra sua perfeição em sua unidade dentro de outros. Soubemos disso por causa do júbilo dessa verdade. Nosso deleite encontra-se em nos percebermos fora de nós mesmos. Quando amo ou, em outras palavras, quando sinto que em outro eu sou mais verdadeiro do que em mim mesmo, então a alegria me invade, porque o Uno que levo dentro de mim se dá conta da verdade de sua unidade ao se unir a outros, e nisso se enraíza seu prazer.

O espírito do Uno em Deus necessita, portanto, ter muitos para a compreensão da unidade. E Deus está se dando a Ele mesmo a todos no amor. O Upanixade diz:

Deverias fruir aquilo a que Deus vive renunciando.

Sim, ele vive renunciando; e eu desfruto minha bem-aventurança quando sinto que ele renuncia a si mesmo. Porque esse meu fruir é o do amor, que provém da renúncia de mim mesmo nele.

No lugar em que o Upanixade ensina-nos a fruir da renúncia de Deus, ele diz:

Não desejes os bens de outro homem.

Porque o desejo é um obstáculo para o amor. É um movimento em direção contrária à verdade, para o engano de que o eu seja nosso objetivo final.

O fato de dar realidade a nossa alma tem, portanto, um aspecto moral e um aspecto espiritual. O primeiro significa cultivo do desinteresse, domínio do desejo; o aspecto espiritual representa a simpatia e o amor. Deveriam ser adotados juntos e jamais separados. O cultivo do aspecto meramente moral de nossa natureza leva-nos à região obscura da mesquinhez e da dureza de coração, à arrogância intolerante da virtude; e o cultivo do aspecto meramente espiritual de nossa natureza leva-nos a uma região ainda mais obscura de devassidão na intemperança da imaginação.

Seguindo o poeta do Upanixade, atingimos o sentido de toda a realidade, na qual o infinito se entrega por meio da finitude. A realidade é a expressão da personalidade, como um poema, como uma obra de arte. O Ser Supremo vive entregando-se em seu mundo, e eu vivo tornando-o meu, como um poema que eu compreendo quando nele eu me encontro comigo mesmo. Se minha própria personalidade abandonar o centro de meu mundo, ela perderá seus atributos em um só momento. Por isso, sei que meu mundo existe em relação a mim, e sei que ele foi dado a meu *Eu* pessoal por um ser também pessoal. O processo do dar pode ser classificado e generalizado pela ciência; não, porém, o dom. Como o dom é de alma para alma, ele só pode ser percebido pela própria alma em êxtase, e não analisado pela razão, na lógica.

O clamor supremo da personalidade humana foi conhecer o Ser Supremo. Desde o princípio de sua história, o homem esteve sentindo o contato da personalidade em toda a criação e procurando dar-lhe nomes e formas, tecendo-o em lendas em torno de sua vida e da vida de suas raças, oferecendo-lhe adoração e estabelecendo relações com ele por meio de cerimônias de incontáveis formas. Essa sensação do contato da personalidade pôs no coração do homem o impulso centrífugo de explodir, em um incessante fluxo de reação, em cantos e poemas e quadros, em imagens e templos e festividades. Tal foi a força centrípeta que atraiu os homens, agrupando-os e formando com eles clãs e organizações comunais. E, enquanto o homem lavra seu solo e tece seus tecidos, desposa-se e educa seus filhos, afana-se para conseguir riqueza e luta pelo poder, ele não se esquece de proclamar com palavras de ritmo solene, com símbolos misteriosos, por meio de edifícios de pedra majestosa, que no coração de seu mundo ele encontrou a Pessoa Imortal. Diante da tristeza da morte e em instantes de desespero, quando eles traíram sua confiança e profanaram seu amor, quando sua existência perde todo gosto e todo objetivo, o homem, de pé sobre a ruína de suas esperanças, estende a mão para os céus, a fim de sentir o contato com a Pessoa, acima de seu mundo ensombrecido.

O homem conhece também a comunicação direta da pessoa com a Pessoa, não através do mundo das formas e das mutações, o mundo da extensão no tempo e no espaço, e sim na soledade mais íntima da consciência, na região do profundo e do intenso. Por meio desse encontro o homem sentiu a criação de um mundo novo, um mundo de luz e de amor que não tem mais linguagem que a música do silêncio.

É o mundo que o poeta assim canta:

> *Há um mundo sem fim, ó meu irmão,*
> *e há um Ser inominado, do qual nada se pode dizer.*
> *Ele é conhecido apenas por aquele que chegou a essa região.*
> *Ele é diferente de tudo o que se ouve falar e de que se fala.*
> *Ali não se vê nenhuma forma, nenhum corpo, nenhuma longitude, nenhuma espessura:*
> *Como poderei dizer-te o que ele é?*
> *Kabir diz: "Ele não pode ser expresso com as palavras da boca; dele não se pode escrever no papel;*
> *é como uma pessoa muda que prova uma coisa doce: como ela poderá explicar-se?"*

MEDITAÇÕES

*Não, não se pode explicar: tem de ser compreendido; e,
quando o homem assim o fez, canta:
"O interior e o exterior se tornaram como que um só céu:
o infinito e o finito estão unidos,
e estou embriagado de ver esse Todo".*

O poeta alcança aqui a inefável Realidade, onde todas as contradições se harmonizam. Porque a realidade última enraíza-se na Pessoa e não na lei nem na substância. E o homem deve sentir que, se este universo não for a manifestação do Ser Supremo, então ele será um tremendo engano e um perpétuo insulto para ele. Ele deveria saber que, sob o enorme peso de semelhante confusão, sua própria personalidade teria sido esmagada desde um princípio, até perder sua forma, e teria de se desvanecer em uma abstração sem sentido, que não tivesse para sua concepção nem sequer a base de sua mente.

O poeta do Upanixade, no fim de seus ensinamentos, explode imediatamente em um verso que preserva, no profundo de sua simplicidade, o silêncio lírico da vastidão da terra contemplando o sol matinal. Ele canta:

No vaso de ouro se oculta o rosto da verdade. Ó tu, Doador de Sustento! Descerra a venda da frente de nossos olhos, diante de nós, que devemos conhecer a lei da verdade. Ó tu, Doador de Sustento! Tu que te moves sozinho, que regulas a criação, que és o espírito do senhor de todas as criaturas, junta teus raios, reúne tua luz, deixa-me contemplar em ti a mais bendita de todas as formas; a Pessoa que está ali, que ali está, é Eu Sou.

RABINDRANATH TAGORE

Depois, ao terminar, esse poeta de personalidade imortal canta assim à morte:

> *O alento de vida é alento de imortalidade.*
> *O corpo acaba em cinzas.*
> *Ó vontade minha, recorda teus fatos! Ó vontade minha, recorda teus fatos!*
> *Ó Deus, ó Fogo!*
> *Tu conheces todos os fatos.*
> *Conduze-nos por bom caminho para a realização*
> *de nossos desígnios.*
> *Afasta de nós o pecado tortuoso.*
> *Eu a ti saúdo!*

Desse modo termina o poeta do Upanixade, depois de ter viajado da vida para a morte e novamente da morte para a vida; ele, que teve a audácia de ver Brahma como Ser infinito e Devir finito ao mesmo tempo; ele, que declara que a vida realiza-se por meio do trabalho, o trabalho que expressa a alma; ele, cujo ensinamento aconselha que demos realidade a nossa alma no Ser Supremo por meio de nossa renúncia ao Eu e de nossa união com o Todo.

A verdade profunda a que deu expressão o poeta do Upanixade é a verdade da mente simples, enamorada até o profundo mistério da realidade, e não pode crer na finalidade dessa lógica, cujo método de decomposição leva o universo à beira do esvaecimento.

Acaso não vi a luz do sol tornar-se mais viva, e a ternura da lua mais profunda, quando meu coração era invadido por um súbito arrebatamento de amor, assegurando-me que este mundo

MEDITAÇÕES

é uno com minha alma? Quando cantei a chegada das nuvens, ou quando o monótono rumor da chuva encontrou seu eco patético em meus cantos. Desde os primeiros alvores de nossa história, os poetas e os artistas vieram infundindo as cores e a música de sua alma à estrutura da existência; e eu aprendi na verdade que a terra e o céu estão tecidos com as fibras da mente do homem, que é, ao mesmo tempo, a mente universal. Se isso não fosse verdade, a poesia se tornaria falsa, e a música engano, e o mundo do universo reduziria o coração do homem ao silêncio absoluto. O grande Dono tange; o alento é dele; mas o instrumento é nossa mente, da qual ele tira seus cantos de criação e, portanto, eu sei que não sou um simples estrangeiro que, em minha viagem pela existência, descansa à beira do caminho, em uma pousada desta terra, e sim que vivo em um mundo cuja vida está envolta na minha. O poeta compreendeu que a realidade deste mundo é pessoal, e por isso cantou:

> *A terra é sua alegria: Sua alegria é o céu;*
> *Sua alegria é brilho de sol e de lua;*
> *Sua alegria é princípio, é meio e é fim;*
> *Sua alegria é som e obscuridade e luz.*
> *Os oceanos e as ondas são sua alegria;*
> *Sua alegria é o Saraswati, o Jumna e o Ganges.*
> *O Dono é Uno: e a vida e a morte,*
> *a união e a separação, não são mais que jogos de sua alegria.*

4
NASCER DUAS VEZES

A natureza inanimada é, para nós, o aspecto exterior da existência. Sabemos apenas como ela aparece a nós, mas não sabemos o que ela é. Com efeito, só podemos conhecê-la por meio da simpatia.

Levanta-se a cortina, aparece a vida no palco, e começa o drama cujo significado chegamos a compreender por meio de gestos e palavras que se assemelham aos nossos. Conseguimos saber o que é a vida, não pelos aspectos exteriores nem pelas análises de suas partes, e sim por meio de uma percepção mais imediata, através da simpatia, e este é o verdadeiro conhecimento.

Vemos uma árvore. Ela está separada daquilo que a rodeia pelo próprio fato de sua vida individual. Todo o seu afã é conservar esse isolamento de sua individualidade criadora, distinta de tudo o mais no universo. Sua vida baseia-se em um dualismo: de um lado está sua individualidade e, do outro, o universo.

Todavia, se fosse um dualismo de hostilidade e de exclusão mútua, a árvore não teria modo de conservar sua existência. Toda uma confabulação de forças gigantescas a aniquilaria.

O dualismo que ela mantém com o universo é de relação harmônica. Quanto mais perfeita é sua harmonia com o mundo do sol e do solo e das estações, mais perfeita torna-se a árvore em sua individualidade. Ela sofre um grave dano quando essa relação mútua se altera. Assim, pois, a vida, em seu aspecto negativo, tem de conservar sua separação de tudo o mais, ao passo que, em seu aspecto positivo, ela conserva sua unidade com o universo. Nessa unidade apoia-se a realização de seu desígnio.

No aspecto negativo da vida de um animal, esse elemento de separação é ainda mais pronunciado e, por isso, em seu aspecto positivo, sua relação com o mundo é ainda mais ampla. Seu alimento está mais separado dele do que o alimento da árvore. Ele tem de buscá-lo e reconhecê-lo sob os estímulos do prazer e da dor. Ele tem, portanto, uma relação mais completa com o mundo do conhecimento e do sentimento. Isso também é verdade, por exemplo, no que se refere à separação do sexo. Esta separação e os consequentes esforços para conseguir a unidade produzem uma elevação da consciência do eu nos animais e fazem com que sua personalidade se enriqueça por meio dos obstáculos imprevistos e por meio das possibilidades inesperadas com que se tropeça. Nas árvores, a separação de sua progênie termina em um distanciamento completo, ao passo que, nos animais, produzem-se relações subsequentes. Desse modo, o interesse vital dos animais é mais amplo ainda em seu alcance e intensidade; e sua consciência estende-se a regiões mais vastas. Eles têm de constantemente conservar esse reino maior de sua individualidade, por meio de uma série de relações muito complexas com seu mundo. Todos os obstáculos que se opuserem a isso se tornarão males.

No homem, o dualismo da vida física é ainda mais variado. Suas necessidades são não só maiores em número e, portanto, requerem um campo mais extenso no qual buscar sua satisfação, mas elas também são mais complexas e exigem um conhecimento mais profundo das coisas. Isso dá ao homem uma consciência mais clara

MEDITAÇÕES

de si mesmo. Sua mente ocupa de modo mais completo o lugar dos movimentos automáticos e das atividades instintivas das árvores e dos animais. Essa mente também possui seus aspectos negativo e positivo, de separação e de união; isso porque, de um lado, separa os objetos de conhecimento daquele que deve adquiri-los e, depois, novamente os une em uma relação de conhecimentos. À relação vital desse mundo do alimento e do sexo, agrega-se a relação secundária, que é mental. Dessa forma, tornamos este mundo duplamente nosso: por nele viver e por conhecê-lo.

Todavia, existe outra divisão no homem que não se explica pelo caráter de sua vida física. É o dualismo que há em sua consciência entre aquilo que é e aquilo que deveria ser. Isso falta no animal; o conflito dele surge entre o que *é* e o que *se deseja*, ao passo que, no homem, o conflito está entre o que *se deseja* e o que *se deveria desejar*. O que se deseja está no coração da vida natural, a que compartilhamos com os animais; mas o que se deveria desejar pertence a uma vida muito mais elevada.

É desse modo que se produz no homem um segundo nascimento. Ele conserva ainda um bom número de hábitos e instintos de sua vida animal; mas sua verdadeira vida encontra-se na região daquilo que ele *deveria ser*. Nesta, embora haja uma continuação, há também, no entanto, um conflito. Muitas coisas que são boas para uma dessas duas vidas dele tornam-se más para a outra. A necessidade de lutar consigo mesmo introduziu na personalidade do homem um elemento: o caráter. Ele guia o homem da vida do desejo para a vida do propósito. Essa vida é a do mundo moral.

No mundo moral saímos da natureza e entramos no da humanidade. Vivemos e nos movemos e temos nosso ser no homem universal. A criatura humana nasce simultaneamente no universo material e no universo do homem. Este último é um mundo de ideias e de instituições, de conhecimentos acumulados e de hábitos que se cultivam. Ele foi edificado por meio de esforços extremos de muitas eras, com o martírio de homens heroicos. Seus estratos são jazidas de abnegações de incontáveis indivíduos, pertencentes a todos os tempos e a todos os países. Ele tem seus elementos bons e seus elementos maus; e a desigualdade de sua superfície e de sua temperatura enche de surpresas o curso da vida.

Este é o mundo do segundo nascimento do homem, o mundo extranatural, onde o dualismo da vida animal e da vida moral nos dá a consciência de nossa personalidade como homens. Qualquer coisa que impeça essa vida do homem estabelecer relações perfeitas com seu mundo moral, torna-se um mal. É a morte: uma morte muito maior que a da vida natural.

No mundo natural, com o auxílio da ciência, o homem reduz à obediência as forças materiais da tirania.

Em seu mundo moral, contudo, ele tem uma tarefa mais árdua a realizar. Ele deve transformar suas próprias paixões e seus próprios desejos, de tiranos, em submissos. E em todos os tempos e em todos os climas foram feitos esforços incessantes, encaminhados a esse fim. Quase todas as nossas instituições são frutos desses esforços. Elas estão imprimindo direção a nossa vontade e formando-lhe canais com o objetivo de tornar fácil seu curso, sem um inútil gasto de energia.

Vimos que a vida física tem sua expansão gradual dentro do mental. A mente dos animais está totalmente absorvida em satisfazer e conhecer as necessidades imediatas de sua existência. No caso do homem, esses objetivos são mais variados e, portanto, requer-se um poder mental mais amplo, porque compreendemos que o mundo de nossas necessidades atuais forma uma unidade com um mundo que as ultrapassa infinitamente. Chegamos a conhecer que este mundo, além de prover-nos de alimentos, também nos provê em maior proporção de pensamentos; e que há uma relação sutil de todas as coisas com nossa mente.

O que o intelecto é, no mundo da Natureza, nossa vontade o é, no mundo da moral. Quanto mais livre e mais ampla ela for, nossas relações morais se tornarão mais verdades, e também mais variadas e maiores. Sua liberdade exterior está em escapar ao domínio do prazer e da dor; sua liberdade interior, em emancipar-se da mesquinhez do próprio desejo. Sabemos que, quando o intelecto liberta-se dos grilhões do interesse, ele descobre o mundo da razão universal, com a qual devemos estar em harmonia plena para satisfazer nossas necessidades; do mesmo modo, quando a vontade liberta-se de suas limitações, quando ela se torna boa, ou seja, quando seu alcance se estende a todos os homens e a todos os tempos, ela discerne um mundo que ultrapassa o mundo moral da humanidade. Ela encontra um mundo em que todas as nossas disciplinas de vida moral encontram sua verdade última, e nossa mente desperta para a ideia de que existe um meio infinito de verdade, através do qual a bondade descobre sua significação. O fato de que eu me robusteça ao me unir a outros, não é uma simples razão aritmética. Sabemos que, quando diferentes personalidades combinam-se no amor, que é a união completa, não é que a força motriz da eficiência aumente, e sim que o que era imperfeito encontra sua perfeição na verdade e, portanto, na alegria; o que carece de sentido quando não tinha relação alguma, encontra sua significação plena na própria relação. Essa perfeição não é coisa de medida nem de análise; é um conjunto que supera todas as suas partes. Ela nos conduz a um mistério que se enraíza no coração das coisas e que, no entanto, está mais além; assim como a beleza de uma flor, infinitamente maior que seus aspectos botânicos, ou como o sentido da espécie humana, que não pode ser contido dentro de um simples gregarismo.

Esse sentimento da perfeição no amor, que é o sentimento da unidade perfeita, abre-nos a porta do mundo do Uno Infinito, o qual se revela na unidade de todas as personalidades; ele confere verdade ao sacrifício do eu, à morte que nos leva a uma vida mais ampla e à perda que nos proporciona um ganho maior; ele transforma o vácuo da renúncia no alcance da própria plenitude. Chegamos aqui ao reino da máxima divisão que existe em nós, a divisão entre o finito e o infinito. Nesse ponto, percebemos que a relação existente entre o que existe em nós e o que está mais além de nós, entre o que é momentâneo e o que é perene, está por vir.

A consciência da relação alvoreceu em nós quando nossa existência física começou, momento em que houve uma separação e um encontro entre nossa vida individual e o mundo universal das coisas; ela assumiu um matiz mais profundo em nossa vida mental, na qual se produziu uma separação e uma reunião contínuas entre nossa mente individual e o mundo universal da razão; expandiu-se no ponto em que houve uma separação e uma combinação entre a vontade individual e o mundo universal das personalidades humanas; e chegou, por fim, a seu sentido pleno e último, quando houve a separação e a harmonia entre o Uno individual que existe em nós e o Uno universal que existe na infinitude. E, nesse ponto da eterna partida e do encontro perdurável do Uno com o Uno, surge o maravilhoso cântico do homem:

> *Aquele é o Caminho Supremo deste.*
> *Aquele é o Tesouro Supremo deste.*
> *Aquele é o Mundo Supremo deste.*
> *Aquele é a Alegria Suprema deste.*

MEDITAÇÕES

A vida é a relação *Daquele* com *Este*. No mundo das coisas e dos homens esse ritmo *Deste* e *Daquele* flui por incontáveis canais de versos, mas carece de sentido enquanto a compreensão não se torna perfeita nos Supremos *Aquele* e *Este*.

No claustro materno a criatura tem uma relação muito íntima com o que a rodeia antes de nascer; aí, porém, falta-lhe seu objetivo final. Aí ela satisfaz todas as suas necessidades; sua necessidade máxima, porém, permanece insatisfeita. Ela deverá nascer para o mundo da luz, do espaço e da liberdade de ação. Este é de tal modo distinto do mundo do claustro materno que, se a criatura não nascida tivesse, porém, a faculdade de pensar, ela jamais poderia imaginar sua amplitude. E está dotada de alguns membros que nada significarão diante do estar na liberdade do ar e da luz.

O mesmo acontece no mundo natural: o homem tem tudo o que é necessário para a alimentação do eu. Aí seu eu é sua preocupação principal, o eu, cujos interesses estão desligados dos outros "eus". Assim como for seu eu, assim serão as coisas deste mundo; elas não têm entre si outra conexão além da do uso que ele lhes der. Todavia, nele crescem algumas faculdades, assim como os membros da criatura ainda não nascida, que o tornam apto a perceber a unidade do mundo: unidade que é propriedade da alma e não das coisas. O homem tem a faculdade de se recriar nos outros, na beleza e no amor, muito mais do que se recria em si mesmo, a faculdade que o faz desdenhar o prazer e aceitar a dor e a morte, que o induz a não reconhecer limite algum para seu progresso e o leva para o conhecimento e a ação que não são de utilidade aparente para ele. Isso origina um conflito com as leis do mundo natural, e o princípio da sobrevivência do mais apto muda de significado.

Chegamos então ao maior dos sofrimentos que se originam do dualismo que existe no homem: o dualismo do mundo da natureza e do mundo da alma. O mal que aflige o homem natural é a dor, ao passo que o que oprime sua alma recebeu o nome especial de pecado. Com efeito, embora possa não ser percebido absolutamente como dor, no entanto, ele é um mal, exatamente igual à cegueira ou coxeadura, as quais não são consequências para o embrião, mas que se transformam em grave dano se persistem depois do nascimento, porque obstruem o propósito final da existência. O crime ataca o homem; o pecado ataca o divino que existe em nós.

O divino? Sim, o divino é aquilo que tem objetivo justo e verdadeiro no infinito; aquilo que não crê que a vida do embrião do eu seja a verdade última.

A angústia do nascimento gravita sobre toda a humanidade: sua história é a de uma dor tal como nenhum animal poderia jamais compreender. Todas as suas energias estão continuamente empurrando-a para frente; a humanidade não tem descanso. Quando ela dorme sobre sua prosperidade e aprisiona sua vida com códigos convencionais, e começa a zombar de seu ideal e pretende concentrar todas as suas forças no acrescentamento do eu, então ela dá sinais de morte; seu próprio poder transforma-se em força destrutiva, que faz grandes preparativos de morte por não crer na vida imortal.

A finalidade última, para todos os outros seres, encontra-se na natureza. Viver, propagar a espécie e morrer; tal é seu fim. E eles se contentam com isso. Jamais clamam pedindo salvação, libertação das limitações da vida; jamais se sentem asfixiados em sua estreiteza nem se lançam com todas as suas forças contra os muros que limitam seu mundo; sempre ignoram o que é renun-

MEDITAÇÕES

ciar a sua vida de abundância e buscar, por meio das privações, a entrada no reino da bem-aventurança. Não se envergonham de seus desejos; são puros em seus apetites, porque estes pertencem a sua vida cabal. Não são cruéis em suas crueldades nem cobiçosos em suas cobiças; porque estas terminam em seu objeto, que é fim em si mesmo. O homem, porém, tem uma vida que não acaba aí e, portanto, desdenha as paixões que não reconhecem sua infinitude. No homem, a vida do animal adquire outras projeções. Ele chegou ao princípio de um mundo que tem de ser criado por sua própria vontade e poder. Ele passou já do período receptivo, em que o eu procura atrair todas as coisas que o rodeiam para seu próprio centro, sem dar nada em troca. O homem já se encontra na carreira de sua vida criadora; tem de dar de sua própria abundância. Ele deve crescer pela incessante atividade de sua renúncia. O pecado é qualquer coisa que impeça essa liberdade ilimitada de desenvolvimento: o pecado, que é o mal que labora contra a eternidade do homem. Essa energia criadora que existe no homem revelou-se desde o começo do capítulo de sua vida. Nem suas necessidades físicas já lhe são proporcionadas no berçário da natureza. Desde seus primeiros dias ele viveu ocupado em criar um mundo com seus próprios recursos, com a matéria-prima que existe a seu redor. À semelhança dos animais, o homem nasce nu e tem de fabricar suas próprias vestes, o que prova que, do mundo da natureza, ele nasce outra vez, para o mundo da liberdade.

A criação é, com efeito, liberdade. Ter de viver naquilo que é não passa de escravidão, porque é viver naquilo que nós mesmos não somos. Em tal situação, sem remédio, permitimos que a Natureza nos escolha e escolha por nós, e com isso caímos sob a lei da seleção natural. Todavia, em nossa criação, vivemos dentro daquilo que é nosso, e o mundo torna-se cada vez mais a obra de nossa própria seleção; ele se move em compasso com nosso movimento e nos abre passagem conforme a direção que tomarmos. Cremos, portanto, que o homem não se contenta com o mundo que lhe foi dado, e sim que vive com o empenho de transformá-lo em seu próprio mundo. Ele desarma todas as peças do mecanismo do universo, para estudá-lo e reajustá-lo conforme suas próprias exigências. O arranjo natural das coisas o desgosta, porque esse arranjo estorva a liberdade de seu caminho a cada passo, e então ele tem de tolerar a tirania da matéria, que sua natureza se recusa a considerar como final e inevitável.

Até em suas épocas de selvageria o homem quis mudar as coisas por meio de um poder mágico. Ele sonhou, como animal nenhum o faz, com a lâmpada de Aladim e as forças obedientes dos gênios, para virar do avesso o mundo conforme sua conveniência, porque seu espírito livre, ao se mover, chocava-se com as coisas dispostas sem levá-lo em consideração. Ele se viu impelido a comportar-se como se devesse submeter-se aos arranjos da Natureza, que não foram feitos com seu consentimento, ou morrer. No fundo de seu coração, todavia, ele não pôde crer nisso, apesar da rudeza dos fatos que se levantavam em contrário. Assim, pois, ele sonhou um paraíso em que poderia ser livre, o país das fadas, a era épica em que o homem tinha a cooperação constante dos deuses, a pedra filosofal, o elixir da vida. E embora não visse que porta alguma se lhe abrisse em nenhum lugar, andava às apalpadelas, buscando-a, enfastiava-se, e seu desejo crescia e clamava pedindo com todas as suas forças acesso à liberdade. Com efeito, instintivamente, ele sentiu que este mundo não era seu mundo final e que, a menos que tivesse outro, sua alma seria para ele uma tortura sem objetivo.

MEDITAÇÕES

A Ciência guia a rebelião do homem em favor da liberdade e contra a tirania da Natureza. A ciência trabalha continuamente para pôr nas mãos do homem a varinha mágica de força da Natureza que lhe dará poder, e que irá livrar nosso espírito da servidão que as coisas lhe impõem. A Ciência tem uma aparência materialista, porque se dedica a romper o cárcere da matéria e labora em meio ao amontoado de escombros das ruínas. Em um país recém-invadido, o saqueio torna-se a lei do momento. Contudo, uma vez conquistado, as coisas mudam de aspecto e aqueles que roubaram se transformam em policiais para restabelecer a paz e a segurança. A Ciência encontra-se no princípio de sua invasão do mundo material e existe uma furiosa batalha de saqueio. Muitas vezes as coisas assumem um aspecto de materialismo atroz, que calunia, de modo vergonhoso, a própria natureza do homem. Contudo, chegará o dia em que alguma das grandes forças da Natureza estará pronta para responder ao menor sinal com o qual qualquer indivíduo a chamar, e ao menos as necessidades primárias da vida serão satisfeitas para todos a muito baixo custo e com a mínima preocupação. Então se tornará tão fácil para o homem viver como respirar, e seu espírito ficará livre para criar seu próprio mundo.

Nos tempos primitivos, quando a Ciência ainda não havia encontrado a chave do armazém em que a Natureza deposita suas forças, o homem teve, no entanto, o valor estoico de desafiar a matéria. Ele proclamou que poderia passar sem alimento e que as roupas não eram para ele uma necessidade absoluta para se proteger contra os extremos da temperatura. Gostava de se orgulhar, mortificando sua carne. Comprazia-se em proclamar abertamente que pagava muito pouco dos tributos que a Natureza lhe exigia. Demonstrou desdenhar por completo o medo da dor e da morte, com o auxílio das quais a Natureza lhe impunha a servidão.

RABINDRANATH TAGORE

Por que esse orgulho? Por que o homem sempre se sublevou contra a humilhação de se dobrar às necessidades físicas? Por que ele jamais pôde resignar-se a aceitar as limitações da Natureza como absolutas? Como pôde, em seu mundo físico e moral, projetar coisas impossíveis que causam vertigem à imaginação e, apesar de repetidos fracassos, jamais admitir a derrota?

Considerado do ponto de vista da Natureza, o homem está louco. Não confia plenamente no mundo em que vive. Viveu fazendo-lhe guerra desde o começo de sua história. Parece estar muito empenhado em prejudicar a si mesmo em tudo. É difícil imaginar como essa cuidadosa dama, que é a seleção natural, pôde deixar aberturas pelas quais alguns elementos tão desnecessários e perigosos pudessem ter acesso a sua economia e alentar o homem a pretender destruir o próprio mundo que o sustenta. Mas o pintainho age do mesmo modo absurdo e inexplicável ao bicar e romper o muro de seu pequeno mundo. De um ou de outro modo, o pintainho sentiu, ao realizar um impulso irresistível, que algo que está mais além do amado cárcere de sua casca o espera, para lhe proporcionar a realização do desígnio de sua existência, de uma forma que ele jamais pode imaginar.

Do mesmo modo, e também por instinto, o homem está quase cegamente seguro de que, por mais dura que seja a casca que o envolve, ele tem de nascer do seio da Natureza para o mundo do espírito, o mundo em que ele tem a liberdade de criar, onde ele coopera com o infinito, onde sua criação e a de Deus têm de se tornar harmoniosamente uma só.

Em quase todos os sistemas religiosos há uma ampla zona de pessimismo, na qual a vida é considerada como um mal e o mundo como engodo e engano; no qual o homem sente que está em furiosa guerra com seu meio ambiente natural. Ele sentiu a

MEDITAÇÕES

opressão de todas as coisas tão intensamente que lhe pareceu que havia uma personalidade insolente no mundo, que o tentava e que com mil astutos ardis o desviava para sua ruína. No cúmulo de seu desespero, o homem havia pensado que melhor seria cortar toda comunicação possível com a Natureza e demonstrar que se bastava completamente a si mesmo.

Isso, porém, é como o antagonismo intensamente doloroso que existe entre a vida do infante e a vida da mãe no tempo do nascimento. Ele é cruel e destrutivo; parece imediatamente uma ingratidão. E, da mesma forma, todo pessimismo religioso é uma ingratidão das mais graves. É uma exortação violenta para que ataquemos aquilo que por tanto tempo nos levou em seu seio e nos sustentou com sua própria vida.

No entanto, a ideia de que possa existir semelhante paradoxo faz com que nos detenhamos e pensemos. Há ocasiões em que nos afastamos de nossa história, e cremos que tais paroxismos pessimistas foram criações deliberadas de certos monges e sacerdotes que viviam sob condições não antinaturais e em uma época sem leis. Ao adotar essa crença esquecemos que essas conspirações são uma criação da história, ao passo que a história não é uma criação das conspirações. Do fundo da natureza humana surge o clamor que exige que o homem declare guerra a seu próprio eu. E ainda que essa violência já tenha diminuído, o grito de guerra não cessou completamente.

Convém saber que os períodos de transição têm uma linguagem que não deve ser interpretada literalmente. É excessiva a ênfase que a alma põe em sua voz ao aconselhar pela primeira vez ao homem sua separação da Natureza, contra a qual parece disposta a empreender uma guerra de extermínio. Isso, porém, é apenas o aspecto negativo. Quando explode uma revolução libertadora, ela assume aspecto de anarquia. Seu verdadeiro objetivo, no entanto, não é o de derrocar todo governo, mas dar liberdade.

Do mesmo modo, o nascimento da alma no mundo espiritual não significa que sejam cortadas as relações com o que chamamos de Natureza, e sim que essas relações sejam livres, que sua realização seja perfeita.

No seio da Natureza estamos cegos e inválidos como um infante ainda não nascido. Mas nascemos para a vida espiritual com toda a liberdade. E depois, como ficamos livres da cega servidão que a Natureza nos impunha, esta nos ilumina e, onde antes apenas víamos uma envoltura, vemos depois uma mãe.

Todavia, qual é o fim último da liberdade obtida pela vida do homem? Não é necessário levar toda a questão para mais além do ponto que seguramente tem seu objetivo. A resposta é igual à que receberíamos da vida do animal, se fosse possível interrogá-lo sobre a verdade de seu desígnio final. Os animais, alimentando-se e dando satisfação a seus desejos, dão realidade a seu próprio eu. E tal é seu fim último, saber que *eu sou*. O animal sabe disso, mas seu conhecimento é como a fumaça, não como o lume: ele chega com um sentimento cego, não com luz, e embora ele desperte para a verdade, ela a obscurece. É a consciência que passa do *não-eu* indistinto para o *eu* distinto. Ele possui apenas a suficiente circunferência para sentir que é o centro.

O fim último da liberdade é também conhecer esse *eu sou*. Mas isso é libertar a consciência do homem da separação do eu, incorporando-o a sua unidade com o Todo. Essa liberdade não é perfeita por sua extensão, mas sua perfeição verdadeira se apoia em sua intensidade, que é o amor. A liberdade que, ao nascer, a criatura ganha em relação ao ventre da mãe não se realiza por adquirir mais plena consciência dela, mas por sua compreensão intensa da mãe por obra do amor. No ventre materno a criança tinha alimento e calor; mas estava estreitamente incomunicável em sua solidão. Depois do nascimento, por meio de sua libertação, o intercâmbio de amor entre a mãe e o filho produz para este a alegria da mais plena consciência de sua personalidade. Esse amor à mãe faz com que ele compreenda o objeto de todo o seu mundo. Se o infante fosse um simples organismo consumidor de alimentos, então, ao fincar suas raízes em seu mundo, ele poderia prosperar. Contudo, a criatura é uma pessoa, e sua personalidade necessita realizar-se plenamente, e isso jamais pode acontecer na submissão do ventre. Ele tem de se libertar, e a liberdade da personalidade só é plena não em si mesma, e sim em outra personalidade, e isso constitui o amor.

Não é certo que os animais não sintam amor. Mas este é demasiado fraco para eliminar a consciência até o ponto de lhes revelar toda a verdade a respeito do amor. Seu amor tem um brilho que ilumina seu eu, mas não possui a chama que vai mais além do mistério da personalidade. Seu alcance é bastante reduzido para indicar sua direção para o paradoxo, essa personalidade que é o sentido da unidade no próprio eu de alguém, e a qual, no entanto, encontra sua verdade real em sua relação de unidade com outros.

Esse paradoxo induziu o homem a ir mais longe e compreender que a Natureza, dentro da qual nascemos, é apenas uma verdade imperfeita, como a verdade do ventre. Mas a verdade plena é que nascemos no regaço da personalidade infinita. Nosso verdadeiro mundo não é o mundo das leis da matéria e da forma, mas o da personalidade. Quando percebemos isso exatamente, alcançamos a liberdade. Então compreendemos o que diz o Upanixade:

RABINDRANATH TAGORE

Conhece tudo o que se move no mundo movível como envolto por Deus, e frui daquilo a que Deus renuncia.

Vimos que a consciência da personalidade começa com a sensação de sua separação do todo e culmina na sensação de sua unidade com tudo. É desnecessário dizer que, ao mesmo tempo em que existe a consciência da separação, deve haver a consciência da unidade, porque aquela não pode existir por si mesma. Mas a vida em que a separação ocupa o primeiro lugar e a da unidade o segundo lugar, e na qual, portanto, a personalidade é estreita e confusa à luz da verdade, esta é a vida do eu. Por outro lado, a vida em que a consciência da unidade está em primeiro lugar e a da separação é um fator secundário e, portanto, a personalidade é grande e esplendorosa na verdade, esta é a vida da alma. Todo o objetivo do homem é libertar sua personalidade em relação ao eu, até transformá-la na personalidade da alma; trocar suas forças interiores por um movimento de avanço para o infinito; da contração do eu no desejo, passar para a expansão da alma no amor.

Essa personalidade, que é o princípio consciente da unidade, o centro da relação, é a realidade e, portanto, o objetivo final a ser alcançado. Devo salientar o fato de que este mundo é real apenas em sua relação com uma personalidade central. Quando esse centro desaparece, então o mundo desmorona, transformando-se em um amontoado de abstrações, de matéria e de força, em símbolos lógicos, e também esses – a semelhança mais remota da realidade – se desvaneceriam até se transformarem no absoluto nada, caso a pessoa lógica que existe no centro, e com a qual estão relacionados em certa harmonia de razão, não existisse em nenhum lugar.

Esses centros, porém, são inumeráveis. Cada criatura tem seu próprio e pequeno mundo, relacionado com sua própria personalidade. Por esse motivo, vem a nossa mente com toda naturalidade a seguinte questão: se a realidade será múltipla e inevitavelmente distinta uma das outras.

Se tivéssemos de apresentar uma resposta afirmativa, toda a nossa natureza se rebelaria. Com efeito, bem sabemos que em nós o princípio da unidade é base de toda realidade. Desse modo, portanto, por meio de todas as suas interrogações e de tudo o que imaginou a partir do confuso alvorecer de suas dúvidas e controvérsias, o homem chegou à verdade de que existe um centro infinito, com o qual todas as personalidades se relacionam e, portanto, todo o mundo da realidade. Ele é "Mahantam purusham", o Ser Supremo único; é "Satyam", a Realidade Suprema única; é "Jnanam", que possui em si o conhecimento de todos os conhecedores e, portanto, ele conhece a si mesmo em todos os conhecimentos; é "Sarvanubhuh", que sente em si os sentimentos de todas as criaturas e, portanto, sente-se em todos os sentimentos.

Todavia, tal Ser Supremo, centro de toda a realidade, não é apenas um Ser passivo e negativamente receptivo. Ele é a alegria que se revela em formas. O que ele cria é sua vontade.

A vontade tem sua resposta suprema não no mundo da lei, mas no mundo da liberdade; não no mundo da Natureza, mas no mundo espiritual.

Vemos isso em nós mesmos. Nossos escravos fazem o que lhes ordenamos, e eles nos proveem de tudo o que nos é necessário, mas nossa relação com eles não é perfeita. Possuímos nosso próprio livre-arbítrio, que só pode encontrar harmonia verdadeira com outras vontades livres. Enquanto nós mesmos temos algo de escravos, em nossos desejos egoístas, os escravos nos produzem satisfação. Porque eles refletem nossa própria escravidão que volta sobre nós, submetendo-nos a certa dependência. Por isso, quando a América deu liberdade a seus escravos, ela própria, de fato, libertou-se, não só da servidão espiritual, mas da material também.

Nossa alegria máxima enraíza-se no amor. Porque nele percebemos o livre-arbítrio dos outros. A vontade de nossos amigos encontra-se com a nossa na plenitude da liberdade, e não na coerção da necessidade ou do temor. E este é o amor em que nossa personalidade encontra sua mais elevada realização.

Precisamente porque a verdade de nosso arbítrio enraíza-se em sua liberdade, toda a nossa alegria pura apoia-se na liberdade. Sentimos prazer na satisfação de nossas necessidades; mas esse prazer é de uma natureza negativa, porque a necessidade é um grilhão, e o fato de satisfazê-la dele nos liberta. Aí tudo termina. Algo diferente ocorre com o deleite que nos proporciona a beleza, cuja natureza é positiva. No ritmo da harmonia, não importa qual seja sua razão, encontramos a perfeição. Nela não vemos a substância nem a lei, mas certa relação de formas que está em harmonia com nossa personalidade. Da prisão das linhas e da matéria surge aquilo que está acima de todas as limitações: a unidade completa da relação. E imediatamente nos sentimos livres da tirania exercida pela carência de sentido das coisas isoladas; agora nos dão algo que é pessoal para nosso próprio eu. A revelação da unidade em sua perfeição passiva, que encontramos na Natureza, é a beleza; a revelação da unidade em sua perfeição ativa, que encontramos no mundo espiritual, é o amor.

O amor não se enraíza no ritmo das proporções, mas no ritmo das vontades. A vontade, que é livre, precisa buscar, para a realização de sua harmonia, outras vontades que também sejam livres, e nisso se enraíza a significação da vida espiritual. O centro infinito da personalidade, que irradia sua alegria ao prodigalizar-se

MEDITAÇÕES

na liberdade, deve criar outros centros de liberdade para que estes a ele se unam, em harmonia. A beleza é a harmonia realizada em coisas que estão sujeitas a uma lei. O amor é a harmonia realizada em vontades que são livres.

No homem se criaram esses centros de liberdade. Não é próprio dele ser unicamente receptor de favores da Natureza; ele necessita expandir-se em irradiações, ao criar força e perfeição de amor. Seu movimento deve ser para o Ser Supremo, cujo movimento, por sua vez, vem até ele. A criação do mundo natural é a própria criação de Deus; cabe a nós apenas recebê-lo e, com isso, torná-lo nosso. Contudo, na criação do mundo espiritual somos colaboradores de Deus. Nesse labor, Ele tem de esperar que nossa vontade esteja em harmonia com a sua. Não é o poder que edifica esse mundo espiritual; não há passividade nem em seu rincão mais remoto nem, tampouco, coerção. A consciência tem de se tornar clara, livrar-se de todas as brumas do engano; a vontade tem de se tornar livre de todas as forças contrárias das paixões e dos desejos; e então encontramos Deus no ponto em que ele cria. Não pode haver união passiva, porque Ele não é um ser passivo. Nossa relação com Ele, como simples agraciados de seus dons, não é plenamente verdadeira, porque se torna unilateral e, portanto, imperfeita. Ele nos dá sua própria plenitude e nós também lhe damos de nossa abundância. E nisso há não só alegria verdadeira para nós, mas também para Deus.

Em nosso país, os Vishnavas compreenderam essa verdade e a afirmaram ousadamente, afirmando que Deus tem de se ater às almas humanas para o cumprimento de seu amor. No amor deve haver liberdade e, portanto, Deus não só tem de esperar até que nossas almas, por sua própria vontade, ponham-se em harmonia com a sua, mas que também tem de sofrer quando há obstáculos e rebeldias.

RABINDRANATH TAGORE

Na criação do mundo espiritual, portanto, na qual o homem tem de trabalhar em união com Deus, têm havido sofrimentos de que os animais não podem ter ideia. Ao afinar os instrumentos, escaparam alguns fortes sons discordantes e com frequência as cordas se partiram. Quando se olha esse aspecto, essa obra de colaboração entre o homem e Deus pareceu sofrer de uma malévola falta de sentido. Pelo ideal que existe no coração dessa criação, cada erro e cada desajuste foram como uma punhalada, e o mundo da alma sangrou e gemeu. A liberdade, por vezes, tomou uma direção negativa para demonstrar que é liberdade, e o homem padeceu e Deus com ele, para que esse mundo do espírito pudesse sair de seu banho de fogo, nu e purificado, irradiando luz de todos os seus membros, como uma criança divina. Houve hipocrisias e enganos; cruel altivez enfurecida pelas feridas que inflige; orgulho espiritual que se serve do nome de Deus para insultar o homem; e orgulho de poder que insulta a Deus, chamando-o de seu aliado; houve o grito sufocado de séculos curvados pela dor e carentes de voz; e os filhos dos homens tiveram o braço direito de sua força mutilado, a fim de conservá-los indefesos para sempre; foi cultivado o luxo em campos fertilizados pelo sangrento suor dos escravos, e foi construída uma grande riqueza sobre alicerces de miséria e de fome.

E eu me pergunto: Esse colossal espírito de negação triunfou? Ele não encontra, por acaso, sua máxima derrota no sofrimento que causou ao coração do infinito? E não envergonham a cada instante o orgulho de sua inflada existência, a própria grama das margens do caminho e as flores do campo? Acaso não carrega em si mesmo o crime contra o homem e contra Deus seu próprio castigo, em sua coroa de horror? Sim. O divino que existe no homem não teme o êxito nem a organização; não crê nas precauções da prudência nem nas dimensões do poder. Sua força não está no músculo nem na máquina, nem na astúcia da tática, nem na insensibilidade da consciência; está em seu espírito de perfeição.

O hoje zomba do divino que existe no homem; este, porém, tem, por sua vez, a eternidade do amanhã. Aparentemente, ele é tão indefeso como um infante; mas as lágrimas de sofrimento que derrama na noite põem em movimento todas as forças invisíveis do céu; a Mãe que existe em toda a criação desperta. Rompem-se as paredes da prisão; montões de riquezas caem no chão, retumbando sob o peso de sua colossal desproporção. A história da terra é uma série de terremotos, de inundações, de erupções vulcânicas; e, no entanto, através de tudo isso, é também uma história de campos verdes e de arroios borbulhantes, de beleza e de vida prolífica. No mundo espiritual, que vai construindo-se com a vida do homem e com a de Deus, ele deixará sua infância de quedas inevitáveis e de golpes, e um dia se levantará firme, com o vigor de sua juventude, contente com sua própria beleza e com sua liberdade de movimentos.

Nisto se baseia nossa máxima esperança: o sofrimento existe. Ele é a linguagem da imperfeição. A própria exclamação do sofrimento leva em si a confiança no que é perfeito, assim como o grito da criança revela sua fé na mãe, porque, sem ela, ele seria mudo. Essa angústia induziu o homem a clamar com suas preces à porta do infinito que existe em nós, do divino, revelando assim seu instinto mais profundo, sua fé, que não raciocina, na realidade do ideal, a fé que se revela em sua disposição a morrer, em sua renúncia de tudo o que pertence ao eu. A vida de Deus, fluindo em sua irrupção dadivosa de si mesma, tocou a vida do homem, que também anda já em sua carreira de liberdade. Quando a discórdia troveja, o homem exclama: *asato ma sad gamaya*: ajuda-me a passar por meio do irreal para o real. É a rendição de seu Eu para que o afinem conforme a música da alma. Era de se esperar essa rendição, porque a harmonia espiritual pode realizar-se apenas na liberdade. A submissão voluntária do homem ao infinito é o princípio da união. Apenas então o amor de Deus pode agir plenamente sobre a alma humana, por meio da liberdade. Essa rendição é escolhida livremente pela alma que prefere a cooperação com Deus; a cooperação na tarefa de amoldar perfeitamente o mundo regido pela lei ao mundo do amor.

Na história do homem houve alguns momentos em que escutamos a música da vida de Deus, soando na vida do homem com perfeita harmonia. Conhecemos a plena relação da personalidade do homem ao ganhar a natureza de Deus para si mesma em uma total doação do Eu por meio da abundância do amor. Os homens nasceram para o mundo da Natureza com limitações e apetites humanos; e, no entanto, demonstraram que respiravam no mundo do espírito, que a realidade mais elevada era a liberdade da personalidade dentro da união perfeita do amor. Eles se libertaram, até se tornarem puros de todo desejo egoísta, de toda mesquinhez de raça e de nacionalidade, de todo temor do homem e das algemas dos credos e dos convencionalismos. Unificaram-se com seu Deus na livre atividade do infinito, em sua ilimitada abundância de renúncia.

Sofreram e amaram. Receberam em seu peito as feridas do mal do mundo e provaram que a vida do espírito era imortal. Grandes reinos mudam de forma e se desvanecem como nuvens; instituições se desfazem no ar como sonhos; as nações realizam seu destino e desaparecem na obscuridade; esses indivíduos, porém, levam a vida imperecedoura de toda a humanidade em si mesmos. Sua vida incessante flui como um rio de caudal volumo-

MEDITAÇÕES

so, pelos campos verdes e pelos desertos, através das longas cavernas obscuras do esquecimento, para a jubilosa dança da luz solar, trazendo água de vida para as multidões dos homens por anos sem fim; curando e acalmando a sede e limpando as impurezas do lixo cotidiano, e cantando, com viva voz, no meio do estrépito dos mercados, o canto da vida sempiterna, o canto que diz:

Aquele é o Caminho Supremo deste.
Aquele é o Tesouro Supremo deste.
Aquele é o Mundo Supremo deste.
Aquele é a Suprema Alegria deste.

5
MEDITAÇÃO

Há coisas que tomamos do exterior e as tornamos propriedade nossa; com a meditação, porém, acontece justamente o contrário.

Meditar é embrenhar-se em direção ao centro de si mesmo, até o centro de uma grande verdade, de modo que, por fim, a pessoa seja possuída por ela.

Vejamos agora, por contraste, o que é a riqueza.

O dinheiro representa certa quantidade de trabalho. Por meio dele, posso obter trabalho de um homem e torná-lo propriedade minha. Eu o adquiro do exterior e o transformo em força minha.

Temos depois o conhecimento.

Há um tipo de conhecimento que obtemos de outros homens. E há também um, de outro tipo: o que adquirimos por meio da observação, das experiências e do raciocínio.

Os conhecimentos assim alcançados representam alguns esforços que se realizam para adquirir o que está longe de uma pessoa, a fim de torná-lo propriedade da própria pessoa. Nesse trabalho, nossas energias mentais e físicas atuam de modo completamente contrário ao modo como são usadas na meditação.

RABINDRANATH TAGORE

A verdade mais elevada é aquela que só podemos conceber quando nela submergimos. E, quando nossa consciência submerge inteiramente nessa verdade, então sabemos que ela não é para nós uma simples aquisição, e sim que nós a ela nos incorporamos.

Desse modo, por meio da meditação, quando nossa alma está em sua relação verdadeira com a Verdade Suprema, todas as nossas ações, nossas palavras e nosso comportamento tornam-se verdadeiros.

Permitam-me que eu lhes ofereça um tema de meditação praticado por nós na Índia.

> *Om bhur bhuvah svah*
> *tat savitur varenyam bhargo devasya dhimahi.*
> *dhiyo yo nah prachodayat.*

Om. Isto significa perfeição completa e é, na realidade, a palavra simbólica que representa o Infinito, o Perfeito, o Eterno. Seu próprio som é completo; essa palavra representa todas as coisas.

Todas as nossas meditações começam com *Om* e terminam com *Om*. Essa palavra é empregada de modo que a mente possa encher-se do sentido da Integridade Infinita e emancipar-se do mundo do egoísmo.

> Bhur bhuvah svah.
> Bhur *significa "esta terra".*
> Bhuvah *quer dizer a região mediana, o céu.*
> Svah *quer dizer a região das estrelas.*

A terra, o ar, a região das estrelas. Devemos colocar a mente no coração desse universo. É preciso que percebamos que nascemos no Infinito; que não só pertencemos a um ponto determinado da terra, mas a todo o mundo.

Tat savitur varenyam bhargo devasya dhimahi.
Medito sobre a adorável Energia do Criador do Universo.

A palavra "Criador" perdeu a força de seu significado por causa de seu uso constante. Contudo, em sua visão consciente, vocês precisam considerar a grandeza do todo, e depois dizer que Deus cria este mundo, com sua força criadora infinita, a cada instante e continuamente, não em um só ato.

Tudo isso representa a vontade infinita do Criador.

Não é como a lei da gravidade nem outra coisa abstrata, que eu não posso adorar e que não pode de nós exigir adoração. Mas o texto citado diz que o poder é "adorável", e que exige nossa adoração, porque ele pertence a um Ser Supremo e não é uma entidade meramente abstrata.

Qual é a manifestação desse poder?

De um lado estão a Terra, o Céu e o Mundo das Constelações; do outro lado está nossa consciência.

Há um contato eterno entre eu mesmo e o Universo, porque este mundo tem em minha consciência seu outro aspecto.

Se não existisse nenhum ser consciente nem uma Consciência Suprema em sua origem e em seu centro, não poderia haver mundo.

O poder de Deus emana e flui como a consciência em mim, e também no mundo exterior. Nós mesmos, em geral, a dividimos; contudo, esses dois aspectos da criação estão, de fato, intimamente ligados, uma vez que possuem a mesma origem.

Esta meditação significa, portanto, que minha consciência e o vasto mundo exterior são uma mesma coisa.

Onde se enraíza essa Unidade? No Grande Poder que alenta a consciência em mim, e também no mundo que está fora.

Meditar a respeito disso não é apropriar-me de alguma coisa, e sim renunciar a mim mesmo, tornar-me "um" com toda a criação.

Eis, portanto, nosso tema. Coloquemos nele nosso pensamento, até que nosso espírito fique sereno, até evitar todo elemento de distração. Chegando a isso, não haverá confusão, nem temor, nem dor capaz de nos afetar. Nossas relações com os homens se tornarão naturais e simples. Seremos livres.

Afundemo-nos na verdade dessa Meditação; vivamos, movamo-nos e coloquemos nela e para ela todo o nosso ser.

Outro dos temas usados em nossa escola para que os rapazes meditem e dele se sirvam em suas orações cotidianas é o seguinte:

> Om pita no'si, pita no bodhi. Namaste'stu.
> Pita no'si.
> *Tu és nosso Pai.*
> Pita no bodhi. *Dá-nos a* bodh, *consciência; concede-nos alcançá-la e senti-la: a consciência de que tu és nosso Pai.*

Namaste'stu.

Namah não tem um sinônimo adequado, embora casualmente os termos *zalema* ou *saudação* aproximem-se um pouco de seu significado.

Meu namah a ti: que se torne verdadeiro.

Esta é a primeira parte do texto que nossas crianças usam.

Permitam-me que lhes explique como eu o entendo:

Pita no'si. O texto começa afirmando que Deus é nosso Pai.

MEDITAÇÕES

Essa verdade, porém, ainda não foi compreendida em nossa existência, e essa é a razão de que abundemos em imperfeições, desgraças e pecados. Rogamos, portanto, que nos seja permitido alcançá-la e senti-la em nosso sentimento interior.

A meditação conclui com a palavra *Namaste*. Permite que meu *Namah* seja sincero. Com efeito, esse *Namah* é a atitude verdadeira. Quando me dou plena conta dessa grande verdade, *Pita no'si*, então minha vida expressa sua própria verdade por meio de seu *Namah*, por meio de sua humildade, de sua abnegação, com um sentimento humilde de reverência.

Às vezes, em nossas orações, temos palavras que nos satisfazem, ainda que as pronunciemos mecanicamente e sem pôr toda a nossa imaginação no empenho de compreender sua plenitude. "Pai" é uma dessas palavras.

Em nossa meditação, porém, temos de compreender mais profundamente o que ela significa e, desse modo, pôr nosso coração em harmonia com a verdade.

Podemos tomar este mundo como ele nos parece que é, valendo-nos de leis. Podemos ter em nossa mente a ideia do mundo, como um mundo de força e de matéria e, então, nossa relação com ele não é mais que uma relação mecânica e científica. Nesse caso, porém, deixamos de perceber a mais elevada verdade que existe no homem. Com efeito, o que é o homem? Ele é um ser pessoal. A lei omite isso. A lei se refere à fisiologia de nosso corpo, à psicologia de nossa mente, ao mecanismo de nosso ser. E, quando chegamos a nossa natureza pessoal, não conhecemos lei alguma que a explique. É por isso que a ciência ignora a própria base da verdade a respeito de nós. Todo o mundo transforma-se em uma máquina e, então, torna-se algo fora do possível que vejamos o Criador como Pai, ou melhor, como os indianos amiúde o chamam, como Mãe.

Se considerarmos este mundo tão somente como uma combinação de forças, a adoração não terá cabimento. Nós, porém, não somos unicamente seres físicos e psicológicos. Somos homens e mulheres e devemos encontrar, em todo o mundo, o infinito significado de *que somos homens*.

O fato de que meu corpo exista é explicado pela Ciência por meio de leis universais. Desse modo, pois, fico sabendo que meu corpo é não um fato isolado da criação, e sim parte de um grande todo. Também percebo logo que minha mente pensa, em harmonia com todas as coisas que acontecem no mundo, e assim posso descobrir, com o auxílio de minha mente, todas essas grandes leis que governam o universo.

A Ciência, contudo, pede-me que eu me detenha aqui. Para a Ciência, as leis do corpo e da mente têm como paisagem o universo, mas a personalidade não tem uma paisagem. E não podemos aceitar isso. Com efeito, se essa personalidade não conservar uma relação eterna com a verdade, assim como qualquer outra coisa a tem, então, qual quimera da casualidade será ela? Por que ela está inteiramente no mundo, e como? Esse fato da existência de minha pessoa necessita ter a verdade da pessoa infinita para que lhe sirva de apoio. Chegamos a esse grande descobrimento por meio da percepção imediata deste "eu" que existe em nós: o descobrimento de que deve existir um "eu" infinito.

Surge então nossa pergunta: "Qual é a relação que nos une a essa Pessoa?" O homem tem essa resposta no mais íntimo de seu coração, a resposta que é a mais íntima de todas as relações: a relação de amor.

Não pode ser de outro modo, porque a relação só se torna perfeita quando é de amor.

MEDITAÇÕES

As relações entre rei e súdito, entre amo e criado, entre o legislador e quem deve obedecer à lei são uma relação parcial para um determinado uso. Não compreende todo o ser. Mas este "eu" pessoal deve ter relação perfeita com a Personalidade Infinita. Não pode ser de outro modo. Com efeito, amamos e encontramos no amor a satisfação infinita de nossa personalidade; chegamos a compreender que nossa relação com a Personalidade Infinita é de amor. E, desse modo, o homem aprendeu a dizer: "Pai nosso", e não Rei nem Amo, mas Pai.

Em outras palavras, existe algo nele que nós compartilhamos; algo que é comum a essa Pessoa Eterna e a esta pequena pessoa finita.

E por que terei de usar a palavra "Pai", que representa a relação pessoal dos seres humanos? Por que não temos de inventar outra palavra? Não seria ela demasiado finita e pequena?

A palavra "Pai", em nosso idioma sânscrito, inclui a Mãe. Com muita frequência, usamos esse vocábulo em sua forma dual, *Pitaru*, que significa "pai e mãe". O homem nasce nos braços da mãe. Não viemos ao mundo tão simplesmente como a chuva que cai da nuvem. O grande acontecimento é que eu chego à vida nos braços de minha mãe e de meu pai. O que demonstra que a ideia da personalidade já está aí presente. Nela encontramos nossa relação com o Ser Infinito. Sabemos que nascemos do amor, nossa relação é de amor, e sentimos que nosso pai e nossa mãe são os verdadeiros símbolos de nossa relação eterna com Deus. Devo ter presente essa verdade a cada instante. Devo saber que estou relacionado eternamente com meu Pai. Desse modo, eu me elevo sobre a trivialidade das coisas, e o mundo inteiro adquire para mim uma clara significação.

É por isso que a oração primeira pede que compreendamos a Deus como *Pita*. Tu, que crias o universo infinito dos mundos e das estrelas, Tu estás mais além de mim, mas eu sei intimamente uma coisa: Tu és *Pita*, Pai.

O infante sabe pouco a respeito da atividade que sua mãe realiza; mas não ignora que ela é sua mãe.

Do mesmo modo, eu também nada sei a respeito de Deus, mas sei isto: *Tu és meu Pai*.

Que minha consciência toda arda como uma luminária com esta ideia: Tu és meu Pai. Seja este o centro constante de todos os meus pensamentos: que o Ser Supremo que rege todo o Universo é meu Pai.

Pita no bodhi. Que eu desperte para a luz dessa grande verdade: Tu és meu Pai.

Como criatura desnuda, deixa-me colocar todos os meus pensamentos em teus braços para que Tu deles cuides e protejas durante o dia.

E depois *Namah*.

Minha submissão será verdadeira. Esta é a mais elevada alegria do amor do homem.

Namaste, namah a Ti: que isto seja verdade.

Eu estou vinculado com o "Eu Sou" Infinito e, desse modo, minha verdadeira atitude não é de orgulho, nem de satisfação própria, nem de rendição de mim mesmo, *Namaste'stu*.

Ainda não dei a vocês o texto completo que meus garotos usam para suas orações e meditações.

Vocês devem lembrar-se de que essa oração foi rastreada de diversos lugares de nossa Escritura mais antiga: os Vedas. Os temas não se encontrarão em ordem consecutiva em nenhum lugar determinado. Meu pai, porém, que dedicou toda a sua vida à adoração de Deus, reuniu essas palavras do tesouro imortal de sabedoria inesgotável que são os Vedas e os Upanixades.

MEDITAÇÕES

Ao referido texto segue esta frase:

Ma ma himsi.
Não me castigues com a morte.

Temos de compreender plenamente o que isso significa. Vocês me ouviram dizer que na primeira linha se dizia: "Tu és meu Pai". Essa verdade encontra-se em todas as partes, e é necessário que nos abismemos nessa grande ideia do Pai. Esse é o fim e o objetivo do homem, a realização do desígnio de sua vida.

Embora estejamos certos de que vivemos eternamente unidos a nosso Pai, existem algumas barreiras que impedem a compreensão completa dessa verdade, e isso constitui a principal origem dos sofrimentos do homem.

Os animais – também eles têm sua dor – sofrem com o ataque dos inimigos e com a imperfeição física; e esse sofrimento os impele ainda mais a lutar para satisfazer as necessidades de sua vida natural e superar aqueles obstáculos. Isso é em si mesmo um motivo de alegria. Podemos estar seguros de que, na verdade, eles desfrutam de sua vida, porque, por meio desse impulso, lutam contra as dificuldades e toda a sua vitalidade desperta. De outro modo, os animais seriam como o mundo vegetal. Sua vida necessita de obstáculos para se realizar plenamente e, na luta contínua contra as dificuldades que a matéria opõe, eles alcançam a supremacia e a dignidade que lhes são próprias. Todos esses obstáculos, porém, apresentam-se a eles acompanhados da sensação de dor.

Para os seres humanos, em troca, existe outra fonte de sofrimento ainda mais profunda. Também nós temos de buscar nosso sustento e nos mantermos firmes contra a hostilidade da Natureza e do homem. Ainda há mais, porém. O maravilhoso é que o homem, nascido no mesmo mundo que os animais e com os mesmos problemas vitais a resolver, tem ainda algo mais que o faz lutar e se afanar, e que definitivamente não se compreende de modo completo. Percebemos isso em rápidos vislumbres e, quando nos encontramos na riqueza, nadando na abundância, no luxo ou na comodidade; quando nos vemos rodeados de todas as coisas do mundo, mesmo assim os homens sentem que isso não lhes basta, e surge a oração, não às forças naturais da terra, como o ar ou o fogo, mas a algum ser a quem o homem não compreendeu nem conheceu plenamente. Surge a oração: "Salva-me!" "Não me castigues com a morte!"

Aqui não se trata da morte física, uma vez que todos nós sabemos que iremos morrer. Essa oração a nosso Pai não pede a imortalidade física. O homem sentiu em si mesmo, por instinto, que esta vida sua não é final, e que deve lutar por uma vida mais elevada. E então ele clama a Deus: "Não me deixes nesta região da morte. Ela não satisfaz minha alma. Eu como e durmo, mas não estou satisfeito. "Não encontro nisso minha felicidade; morro de fome!" Como o pranto da criança que pede à mãe seu alimento, e que esta lhe dá, tomando-o de sua própria vida, também nós clamamos à Mãe Eterna: "Não me castigues com a morte! Dá-me, ao invés, a vida que surge de tua própria natureza". Este é o grito: "Morro de fome! Minha alma está aflita com a morte porque não encontra sustento naquilo que a rodeia".

Vishvani deva savitar duritani parasuva.

Ó Deus, meu Pai, afasta de mim o mundo do pecado! Quando esta vida do Eu quer obter tudo para si mesma, ela sofre um golpe e mais outro, porque sua verdadeira vida é a da liberdade,

MEDITAÇÕES

e ele fere suas asas dentro da jaula que o aprisiona. A prisão não apresenta objetivo algum para a alma. Esta clama em seu cárcere: "Não encontro a realização de meu desígnio". E se debate contra a grade de sua prisão e, com esses golpes e dores, nossa alma percebe que a verdade não pertence a esta vida do Eu, mas à vida superior da alma. Disso provém nosso sofrimento; e exclamamos: "Rompei este cárcere! Não quero mais este Eu!" "Destruí todos estes pecados, estes desejos egoístas, estas ambições do Eu, e possuí-me como vosso filho, como vosso verdadeiro filho, e não como criatura deste mundo de morte!"

Essa é a oração que proferimos quando desejamos adquirir consciência plena da vida em nosso Pai. O maior obstáculo é o egoísmo e, por isso, a oração do homem a Deus não pede bens terrenos, mas o estabelecimento de uma completa relação com o Pai.

Yad bhadran tan na asuva.
Dá-nos o que seja bom.

Com frequência, fazemos essa súplica e pedimos a nosso Pai que nos dê o que é bom; não sabemos, porém, quão terrível se tornaria essa oração, caso recebêssemos o que desse modo solicitamos. Poucos de nós se dão conta daquilo que é o mais alto bem; podemos pedi-lo. Pode solicitá-lo apenas aquele que conseguiu tornar sua vida pura, livre das travas do mal, aquele que, sem temor, pode pedir a Deus que realize sua obra, aquele que pode dizer: "eu limpei minha mente, despojei-me dos impulsos do desejo egoísta e do temor e da tristeza da mesquinha vida do Eu, e agora já posso pedir com a mais plena esperança: 'Dá-me o que seja bom, de qualquer forma: tristeza, perdas, ofensas, aflições. Ficarei alegre ao recebê-lo, porque sei que vem de Ti!'"

RABINDRANATH TAGORE

Por mais fracos que sejamos, todavia, devemos rezar essa oração; porque sabemos que, embora possamos estar afundados na desgraça e na angústia, aquele que se der conta de que vive em seu Pai receberá bem tudo o que vier de suas mãos. Isso é liberdade, porque a liberdade não pode limitar-se ao simples prazer. E, em troca, quando desafiamos o perigo e a morte, a privação e a amargura, e, no entanto, nos sentimos livres; quando não temos a menor dúvida a respeito de que vivemos em nosso Pai, então tudo nos traz uma mensagem de alegria, e nós a recebemos com humildade e júbilo, e inclinamos a cabeça com gratidão.

Namah sambhavaya.
"Eu me inclino diante de Ti, de quem dimanam as alegrias da vida. Com satisfação recebemos todas essas variadas correntes de alegria que fluem por diversos canais e por causa delas te reverenciamos."

Mayobhavaya cha.
"Também me inclino diante de Ti, de quem dimana o bem-estar do homem." *O bem-estar compreende tanto as alegrias da vida como as tristezas, tanto as perdas como os ganhos. A Ti, que dás dor, amarguras e aflições, a Ti eu reverencio.*

Namah shivaya cha shivataraya cha.
"Eu me inclino diante de ti, que sois bom, que sois o sumo bem."

Assim diz o texto integral. Sua primeira parte é a oração que pede alcançar que tomemos consciência de que não só vivemos

MEDITAÇÕES

no mundo da terra, do ar e da água, mas no mundo real da personalidade e do amor. E, quando nos precavemos de que vivemos nesse amor, então sentimos a desarmonia de nossas vidas separadas do amor. Nós a percebemos tão somente quando adquirimos consciência da relação que mantemos com nosso Pai. Contudo, quando adquirimos essa consciência, nós sentimos tão fortemente a discórdia, que isso nos aflige e nos parece ser a morte. É intolerável percebermos que apenas o amor de nosso Pai nos rodeia.

Vem então a oração que pede nossa libertação das coisas, e para o bem máximo, ou seja, a liberdade em Deus.

E depois, no fim, nós nos inclinamos diante dele, em quem todos nós fruímos a vida; em quem se enraíza o bem-estar da alma; em quem está o bem.

Om, Shantih, Shantih, Shanti. Om.

6
A MULHER

Quando os homens obedecem a seu instinto de luta, pondo-se a se matar uns aos outros, a Natureza dissimula, porque, assim como a fêmea se torna indispensável para os desígnios vitais dela, o macho, em troca, não lhe é tão necessário. Econômica em si, a Natureza não sente preocupações especiais quanto ao macho. Por esse motivo, no mundo dos insetos, presenciamos o fenômeno de que as fêmeas exercem a prerrogativa de manter o número da povoação masculina dentro dos limites estritos da necessidade reprodutora.

Por isso, como os machos da espécie humana foram poupados em grande parte de qualquer responsabilidade em relação à Natureza, eles se viram livres para se dedicarem a suas ocupações e aventuras. O ser humano foi definido como "um animal que faz ferramentas" (*the tool-making animal*). O fato de fazer ferramentas está fora dos limites da Natureza e, com nossa faculdade de fabricá-las, pusemo-nos na atitude de desafiá-la. O macho humano, como tem livre a maior parte de suas energias, desenvolveu essa faculdade em proporções enormes. E assim, enquanto que no aspecto vital da humanidade a mulher ainda ocupa o trono que a Natureza lhe deu, no campo da inteligência o homem criou e expandiu seu próprio domínio. Para essa grande tarefa, a independência da mente e a liberdade de movimentos lhe eram necessárias.

O homem aproveitou-se de sua liberdade relativa em relação a toda trava física e emotiva, e avança sem obstáculos para as últimas fronteiras da vida. Para isso, ele teve de percorrer caminhos perigosos, entre revoluções e ruínas. Vez ou outra, o que ele havia acumulado teve de ser eliminado, e a corrente do progresso foi apagada em suas origens. Embora o ganho seja considerável, o que foi desperdiçado é, em comparação, ainda maior, principalmente se considerarmos que muito dessa riqueza, ao desaparecer, levou consigo toda a lembrança dela. Como efeito dessa repetida experiência de desastres, o homem descobriu uma verdade, que nem sempre utilizou plenamente: a de que em todas as suas criações ele deve conservar o ritmo moral, caso queira salvá-las da destruição; que um simples aumento de poder não leva a um progresso real, e que é preciso manter um equilíbrio proporcional, uma harmonia entre a estrutura e seus alicerces, a fim de obter um desenvolvimento efetivo.

Esse ideal de estabilidade enraíza-se profundamente na natureza da mulher. A mulher não se conforma apenas em continuar vivendo, atirando a esmo flechas de curiosidade no coração da treva. Todas as suas forças trabalham instintivamente para conduzir as coisas a certa forma de plenitude, porque essa é a lei da vida. No movimento da vida, embora nada ainda seja final, cada passo tem seu ritmo de integridade. Até o botão tem um ideal de perfeição redonda, como acontece com a flor, e também com o fruto. Todavia, em um edifício não terminado não existe esse ideal de totalidade. Caso prossiga indefinidamente o desenvolvimento de suas dimensões,

MEDITAÇÕES

ele acaba excedendo as normas de sua estabilidade. As criações masculinas da civilização intelectual são como torres de Babel; elas se atrevem a desafiar seus alicerces e, portanto, não é estranho que às vezes desmoronem. É por isso que a história humana desenvolve-se sobre amontoados de ruínas, em vez de constituir um contínuo desenvolvimento vital. As organizações econômicas e políticas representam apenas um poder mecânico nascido do intelecto, e propendem a esquecer seu centro de gravidade no mundo fundamental da vida. A cobiça açambarcadora de poder e de riqueza não pode ter em si mesma um desígnio de totalidade, não tem nenhuma harmonia com o ideal de aperfeiçoamento moral e espiritual e, portanto, no fim ela terá de se revolver com violência contra sua própria grandeza material.

No período atual da história, a civilização é quase exclusivamente masculina; é uma civilização de força, em que a mulher foi posta de lado, na obscuridade. Por isso, essa civilização perdeu seu equilíbrio e avança aos saltos, de guerra em guerra. Seus moventes são as forças da destruição, e seus ritos exigem um número aterrador de sacrifícios humanos. Essa civilização unilateral vai gerando a passo rapidíssimo uma série de catástrofes, justamente por sua unilateralidade; e haverá de chegar o momento em que a mulher intervenha e aplique o ritmo de sua vida a esse movimento brutal e embrutecido da força.

Com efeito, a função da mulher é a função passiva da terra, que não só ajuda a árvore a crescer, mas que conserva seu desenvolvimento dentro de certos limites. A árvore deve percorrer a aventura da vida e lançar para o alto seus ramos e estendê-los para todos os lugares; contudo, os vínculos mais profundos de sua relação com a terra estão ocultos, e ela os conserva firmes para ajudar a árvore a viver. Desse modo, nossa civilização deve ter seu elemento passivo, amplo, profundo e permanente. Ela não deve ser unicamente um simples desenvolvimento, mas a harmonia dentro do desenvolvimento. Não deve ser apenas uma série de sons, mas também deve ter um ritmo. Essa limitação do tempo não é um obstáculo, mas constitui o que as margens são para o rio: estas dirigem sua corrente para o repouso, pois, de outro modo, o rio se perderia nas vaguezas de um lamaçal. É ritmo, o ritmo que não detém os movimentos do mundo, mas os canaliza para a verdade e para a beleza.

A mulher é muito mais bem dotada que o homem com essas grandes qualidades passivas, que são a castidade, a modéstia, a devoção, a resignação. É a qualidade passiva, existente na Natureza, que transforma suas forças monstruosas em criações perfeitas de beleza, domando os elementos selvagens até reduzi-los à mansidão necessária ao serviço da vida. Essa qualidade passiva deu à mulher essa placidez grande e profunda, tão necessária para cuidar e nutrir e prover à existência. Se a vida fosse tão somente esbanjamento, então ela seria como um foguete que subiria para o alto em um estrépito, para logo depois descer, transformada em cinzas. A vida deveria ser como uma lâmpada, em que a potencialidade da luz é muito maior do que aquilo que a chama consome. No fundo da passividade existente na natureza feminina encontra-se o lugar em que essa potencialidade de vida se acumula.

Certa vez eu disse que nas mulheres do mundo ocidental percebe-se certa inquietação que não pode ser o aspecto normal de sua natureza. Com efeito, as mulheres que necessitam de algo especial

MEDITAÇÕES

e violento em seu meio ambiente para conservar seu interesse desperto, apenas provam com isso que perderam qualquer contato com seu mundo próprio e verdadeiro. Pelo que se vê, grande multidão de mulheres e de homens condena, no Ocidente, as coisas que são chamadas de lugar-comum. Vivem sempre buscando algo que saia do vulgar, esforçando-se por criar uma originalidade que apenas surpreende, mas que não satisfaz. E esses esforços não são um sinal de verdadeira vitalidade. Devem ser mais prejudiciais para a mulher do que para o homem, porque ela tem uma força vital mais poderosa do que a dele. A mulher é a mãe da raça, e possui um interesse real nas coisas que a rodeiam, que são coisas ordinárias da vida; se assim não fosse, a raça pereceria.

O interesse de um homem para com seus semelhantes apenas é suscitado, em geral, quando neles encontra algum dom especial de força ou de utilidade; a mulher, porém, sente esse interesse para com seus semelhantes diante do simples fato de eles serem criaturas vivas, por serem seres humanos, e não por puro egoísmo ou porque eles possuam essa ou aquela força que a mulher admire de modo especial. O encanto da mulher enraíza-se nessa faculdade desinteressada e generosa. A exuberância de seu interesse vital é tão atrativa que tudo nela – palavras, sorriso, movimentos – é cheio de graça.

Por sorte, para nós, nosso mundo diário tem a beleza sutil e modesta do trivial, e temos de recorrer a nossa própria sensibilidade para poder captar suas maravilhas, invisíveis, porque são espirituais. Se conseguirmos atravessar a casca exterior, vemos que o mundo contém verdadeiros milagres nas coisas que muitas vezes apresentam um aspecto trivial.

Captamos essa verdade intuitivamente, por meio de nossa faculdade de amar; e a mulher, por causa dessa faculdade, descobre que o objeto de seu amor e de sua simpatia, apesar de seu disfarce andrajoso de trivialidade, tem um valor infinito. Quando a mulher perde a força de seu interesse pelas coisas comuns, esse estado de vacuidade a torna covarde porque, quando sua sensibilidade natural acha-se amortizada, ela não encontra, no que a rodeia, nada que ocupe sua atenção. Por isso as mulheres procuram manter-se intensamente ocupadas, não em fazer uso do tempo, mas simplesmente em preenchê-lo. Nosso mundo cotidiano assemelha-se a um tubo de órgão; ele, na realidade, nada vale em si mesmo; contudo, aqueles que possuem a força e a serenidade de atenção necessárias podem escutar a música que o Infinito toca, soprando no vazio desse tubo. Quando se cria o hábito de avaliar as coisas em si mesmas, então realmente se pode esperar delas que assaltem com fúria a mente de vocês, incitem sua alma a afastar-se de seu encontro de amor com o eterno e queiram calar a voz do Infinito por meio do barulho sem sentido de uma mobilidade contínua.

Não pretendo dizer que a vida doméstica seja a única que convenha à mulher. Minha ideia é que o mundo da mulher é o mundo do humano, quer ele se encontre no doméstico ou em outras atividades da vida, que sejam humanas e não simples esforços abstratos de organização.

Onde quer que haja algo concretamente pessoal e humano, aí se encontra o mundo da mulher. O mundo doméstico é aquele em que todo indivíduo encontra seu valor como tal, e no qual, portanto, o que ele vale não é o preço de um posto, mas o do amor; ou seja, o valor que Deus, em sua infinita misericórdia, atribuiu a todas as suas criaturas. Esse mundo doméstico é o dom que Deus fez à mulher. Ela pode estender a irradiação de

MEDITAÇÕES

seu amor mais além de suas fronteiras, por todos os lados, e até abandoná-lo, a fim de demonstrar sua natureza feminina quando chega a hora oportuna. Contudo, uma verdade que não pode ser desprezada é a de que, no momento em que a mulher nasce nos braços de sua mãe, ela nasce no centro de seu próprio mundo verdadeiro, o mundo das relações humanas.

A mulher deveria servir-se de seu poder para atravessar a superfície e dirigir-se ao centro das coisas, onde, no mistério da vida, se enraíza uma fonte eterna de interesse. O homem não tem esse poder tão desenvolvido. A mulher, porém, o possui, quando não o destrói, e por isso ela ama criaturas que não são amáveis na realidade, mas que possuem qualidades nada comuns. O homem tem de cumprir seu dever dentro do mundo que lhe é próprio, no qual sempre vive, criando poder e riqueza e organizações de várias espécies. Deus, porém, enviou a mulher para que ela *ame* este mundo, que é feito de coisas e de fatos triviais. Ela não vive em um país de conto de fadas, onde uma formosa donzela dorme durante longos anos, até que o toque de uma varinha mágica a desperte. No mundo de Deus, a mulher tem sua varinha mágica em todos os lugares e ela conserva sempre desperto seu coração – e sem que se trate das douradas varinhas da força da riqueza nem dos cetros de aço do poder...

Todos os nossos mestres espirituais proclamaram o valor infinito do individual. É o materialismo rampante da época atual que sacrifica impiedosamente os indivíduos em altares dos ídolos sedentos de sangue das organizações. Quando a religião era materialista, quando os homens adoravam seus deuses por medo de sua malevolência ou por ambição de riqueza e de poder, os ritos religiosos eram cruéis e exigiam sacrifícios terríveis. Com o desenvolvimento da vida espiritual do homem, nossa religiosidade transformou-se em um culto de amor.

Na presente etapa da civilização, quando não só se pratica a mutilações dos indivíduos, mas chega-se até a glorificá-la, as mulheres envergonham-se de sua própria feminilidade. Deus, na verdade, com sua mensagem de amor, enviou as mulheres ao mundo como anjos da guarda do indivíduo e, nessa sua vocação divina, os indivíduos representam para elas mais que qualquer exército e que qualquer frota e que qualquer parlamento, e que as fábricas e os escritórios. No mundo, a mulher tem seu serviço próprio, no próprio templo de Deus, que é a realidade, onde o amor vale mais que o poder.

Como os homens, todavia, em sua embriaguez de orgulho e poder, escarnecem de coisas que são vivas e de relações que são humanas, bom número de mulheres se pôs a gritar até enrouquecer, pretendendo provar que não são mulheres, que sua verdadeira missão é representar também as organizações e o poder. Na época atual elas pensam que seu orgulho é ferido quando são tomadas como simples mães da raça, como provedoras das necessidades vitais de sua existência e de sua necessidade espiritual mais profunda, de simpatia e de amor.

Como os homens elogiam com unção piedosa a idolatria de suas imagens, feitas de meras abstrações, a mulher, possuída de vergonha, põe-se a demolir seu verdadeiro Deus, que está à espera de que se lhe preste homenagem com o sacrifício próprio no altar do amor.

Durante longo tempo vieram realizando-se diversas mudanças sob a sólida casca da sociedade em que o mundo da mulher tem seus alicerces. Com o auxílio da Ciência, a civilização foi tornando-se cada vez mais masculina, e com isso cada vez mais se despreza

MEDITAÇÕES

a plena realidade do indivíduo. A organização invade a zona das relações pessoais e, no lugar do sentimento, é posta a lei.

Em algumas sociedades, excessivamente dominadas pelos ideais masculinos, prevalecia o infanticídio, que impiedosamente manteve o elemento feminino da população em número tão baixo quanto possível. Coisa semelhante, de forma diferente, aconteceu na civilização atual. Por sua cobiça desordenada de poder e de riqueza, ela despojou a mulher da maior parte do mundo que lhe corresponde, e os lares a cada dia se despovoam, para encher as fábricas. A cobiça está apoderando-se do mundo e quase não se deixa espaço para a mulher. E não só lhe está causando dano, mas constitui uma afronta a ela.

A mulher, porém, não pode ser desprezada nem deixada de lado pela agressividade de poder que existe no homem. Ela não é menos necessária que o homem na civilização e, talvez, o seja mais.

Na história geológica do planeta já se passaram os períodos dos cataclismos gigantescos, quando a terra ainda não havia alcançado a brandura da maturidade que se opõe a todo violento alarde de força. E esta civilização de competições comerciais e de forças em luta deve também dar lugar a um novo período de perfeição, cujo vigor se apóie no fundo da beleza e da misericórdia. Até hoje a ambição foi o timão de nossa história e, por isso, todo direito do indivíduo teve de ser arrebatado à força para o partido que se encontrava no poder, e o homem precisou conseguir a ajuda do mal para alcançar o que lhe era útil. Mas tal estado de coisas não pode durar muito tempo; ele deve desaparecer de vez; porque as sementes de violência estão à espreita em suas gretas e rachaduras, e as raízes da dissolução se dilatam na escuridão e originam a catástrofe quando menos se espera.

RABINDRANATH TAGORE

Embora no período atual da história o homem viva afirmando sua supremacia masculina e edificando sua civilização com blocos de pedra, sem deter sua mente no princípio vivo do crescimento, ele não poderá esmagar totalmente a natureza feminina, afundando-a no pó ou sob seus inertes materiais de construção. O lar da mulher pode ser demolido, mas a mulher não é morta, não se pode matá-la. Não que a mulher esteja buscando apenas a liberdade de fazer sua própria vida, lutando contra o monopólio que o homem exerce nos negócios; a luta dela vai contra o monopólio que o homem quer exercer na civilização, com o qual ele destroça o coração dela todos os dias, amargando sua existência. O equilíbrio social perdido deve ser restabelecido, agregando todo o peso da mulher à criação do mundo humano. O carro monstruoso da organização vive guinchando e rangendo pelo caminho real da vida, derramando desgraças e causando mutilações porque, para a organização, a rapidez é o que importa em primeiro lugar.

A mulher deve aproximar-se do mundo ferido e mutilado dos indivíduos; ela deve reclamar cada um deles como seu, tanto o inútil como o insignificante. Deve amparar com seu cuidado todas as belas flores dos sentimentos, contra todas as manhas da Ciência. A ela cabe eliminar as impurezas crescentes que se produzem, porque a vida está desprovida de suas condições normais por causa da força organizada da cobiça. Chegou o momento de a responsabilidade da mulher ser maior que nunca, de sua esfera de ação ultrapassar os limites da vida doméstica. O mundo a chama pela boca dos que sofrem afronta. Estes devem encontrar seu próprio e verdadeiro valor, levantar novamente suas cabeças para o sol e renovar sua fé no amor de Deus por obra do amor da mulher.

MEDITAÇÕES

Os homens perceberam o absurdo desta civilização baseada nos nacionalismos, ou seja, no econômico e no político e no militarismo consequente. Os homens foram perdendo sua liberdade e sua humanidade, para poder ajustar-se às vastas organizações mecânicas. Desejemos que a próxima civilização não se baseie tão somente na competição e na exploração econômica e política, mas na cooperação social de todo o mundo, em ideais espirituais de reciprocidade, e não em ideais econômicos de eficiência. E então a mulher terá o lugar que lhe corresponde. Como os homens foram construindo enormes organizações, eles se habituaram a pensar que essa produção de força tem em si algo da natureza da perfeição. Há neles esse hábito arraigado, e lhes é difícil ver que nesse ideal presente de progresso a verdade está ausente.

A mulher, todavia, pode trazer a fragrância de sua mente e toda a sua faculdade de simpatia para esse novo labor de edificar uma civilização espiritual, se é que ela se dá conta de sua responsabilidade. É claro que ela pode ser frívola ou curta de visão e, nesse caso, deixará não realizada a grande missão que lhe corresponde realizar; contudo, justamente porque a mulher permaneceu isolada e viveu sempre em uma espécie de região obscurecida pela petulância do homem, por esse motivo, creio eu, ela obterá sua recompensa na civilização que se avizinha.

E estes seres humanos que, orgulhosos de seu poder, exerceram uma exploração agressiva, que desdenharam prestar a necessária fé no verdadeiro significado dos ensinamentos do Mestre, segundo os quais serão os pobres os donos da terra, eles cairão derrotados nas próximas gerações.

Algo semelhante já aconteceu em tempos remotos, durante o período pré-histórico, em que o mamute e o dinossauro dominavam por sua força. Esses grandes monstros perderam o legado da terra. Seus músculos eram gigantescos e lhes era possível realizar poderosos esforços; no entanto, vieram criaturas muito mais fracas, diante das quais eles tiveram de ceder, tornando-se submissos.

Na civilização futura, talvez, também a mulher, criatura mais fraca, ao menos em aparência, alcance o predomínio.

Suas forças físicas são inferiores às do homem; este a fez viver postergada e como que à sombra de uma corpulência petulante e agressiva; contudo, talvez, digo eu, também o mais forte acabará, no futuro, por ceder e submeter-se.

Esta obra foi composta em CTcP
Capa: Supremo 250g – Miolo: Boivory Cold 65g/m²
Impressão e acabamento
Gráfica e Editora Santuário